生活困窮と金融排除

生活相談・貸付事業と家計改善の可能性

小関隆志

編著

明石書店

生活困窮と金融排除

目 次

はじめに

　日本には「金融排除」が存在しているのだろうか。存在しているとすれば、それはどこに、どのような問題としてあるのか。

　本書はこの問いに向き合い、生活困窮者が直面する経済的困難を金融の側面から描き出すことにより、日本的な金融排除の状況を明らかにしようとするものである。したがって本書が扱う金融排除は、事業者ではなく消費者を対象としている。

　貧困や生活困窮の問題は、所得の多寡や就労、住宅、福祉医療サービスといった側面から語られることが多いが、それらに比べて、家計や金融の側面に着目した議論は少ない。生活困窮者に対して就労自立支援や公的扶助・年金などの所得保障を行うことが重要だとしても、彼らが自らの限られた資金を効率的に管理し、また経済的困難に陥った際に資金を入手して困難を乗り切るには、適切な金融サービスへのアクセスと利用は欠かせない。

　社会的セーフティネットのすき間から滑り落ちてしまった人は、今日生きていくために必要な費用を捻出するために貯金を崩し、税金や公共料金や家賃を滞納し、リボ払いやカードのキャッシングといった借金をして、やがて多重債務や自己破産に行き着く。多重債務問題は、銀行や消費者金融による高金利の搾取という側面もあるが、他方では高金利の借金以外に生活困窮者にとって有効な選択肢が見当たらないことにも原因があるのではないか。公的な福祉貸付制度（生活福祉資金など）の機能不全や、無利子型奨学金の割合の低さなども、結果的に高金利の借金に向かわせる一因になっている。借金する機会が減れば、生活困窮者は万事休すの状態になるだろう。今や、貸金業法改正で総量規制や金利上限を導入した時に比べて、敵は見えにくく、問題はより複雑になってきた感がある。

　厚生労働省は、生活困窮者自立支援事業における家計改善支援事業を努力義務化する方針を示しており、家計相談支援によって解決できる部分もあると思われるが、どのような場合にこうした方法論が有効であるのか、実証研究は今後の課題として残されている。それぞれの人が、金融サービスについて正しい知識（金融リテラシー）を持つのみならず、金融サービスに適切にアクセスし

利用する能力（金融ケイパビリティ）を持つことの重要性が近年論じられている。

　他方、家計相談支援で解決できる問題には限界があることも推測できる。たとえば精神・発達障害、依存症、DVを原因とした借金や家計破綻も少なくない。在日外国人にとっては語学や金融システムの知識欠如が障害となり得る。生活保護の被保護者は、（制度上は可能だとしても実際の運用上は）貯蓄や借金、保険を大きく制約されている。彼らに対して倹約と収入増を説くことは意味のある解決策にはならない。生活保護制度や福祉貸付制度の改善を含め、多様な問題を抱えた人に対する対策が求められているといえよう。

　世界銀行の定義では、銀行口座を持たない成人を金融排除層とみなしているが、日本は口座保有率98％と世界でも最高水準を誇る。ここでは銀行に口座を持っているか否かが問題なのではなく、生活困窮者の生活維持向上にとって必要かつ適切な金融サービスがあるのかを問題にしている。金融サービスは、貸付だけでなく貯蓄や保険、さらには金融に関する教育や相談も含んだ幅広い概念として捉えている。

　生活困窮者にとってどのような金融サービスが必要であり、何が不足しているのか。その答えは、生活困窮者の日々の家計をつぶさに観察し、彼らがどのような金融行動をとっているのかを明らかにすることで得られるだろう。そうした問題意識から、ファイナンシャル・ダイアリー調査とインタビュー調査を実施することにした。本書は、その調査結果を分析するものである。

　あわせて、多重債務者や生活困窮者の家計相談やセーフティネット貸付を行っている消費者信用生活協同組合（岩手県）、一般社団法人生活サポート基金（東京都）、生活クラブ千葉グループおよびVAICコミュニティケア研究所（千葉県）による金融包摂の実践報告を紹介し、金融包摂の方向性を示す。

　これらの団体の活動はこれまでにも文献でたびたび紹介されてきた。特に多重債務問題が深刻になって改正貸金業法が成立するに至った2000年代にはマスコミでも頻繁に取り上げられたが、2010年の貸金業法完全施行後はマスコミの注目を集めなくなった。問題の核心が多重債務から生活困窮へとシフトするなかで、これらの団体に求められる社会的役割は何か、これらの団体はどこを目指しているのかを明らかにしたい。

　本書第Ⅰ部の第1章〜第4章は、『大原社会問題研究所雑誌』2020年4月号（No.738）の特集「生活困窮と金融排除」の4論文を大幅に改稿したものである。第Ⅱ部・第Ⅲ部の各章およびコラムは、いずれも書きおろしである。

　本書第2章および第Ⅲ部で扱っているファイナンシャル・ダイアリー調査は、科学研究費基盤研究（C）「金融包摂による生活困窮からの脱却可能性」（課題番号16K04200、2016〜2018年度、研究代表者：小関隆志、研究分担者：佐藤順子、連携研究者：角崎洋平・野田博也）の研究成果であり、また第3章の母子生活支援施設利用者の調査は、科学研究費基盤研究（C）「家計相談支援におけるソーシャルワークの役割」（課題番号18K02178、2018〜2020年度、研究代表者：佐藤順子、研究分担者：野田博也・角崎洋平、連携研究者：小関隆志）の研究成果である。

　上記の調査および本書の執筆にあたっては、生活困窮者の支援団体や調査対象者をはじめ、多くの関係者のご協力をいただきました。個々のお名前を挙げることは控えますが、この場を借りて厚く御礼を申し上げます。

　また、出版事情の厳しい折に、本書の出版に快く応じてくださった明石書店編集部長の神野斉氏に、深く感謝いたします。

2020年6月

執筆者を代表して

小関　隆志

第 I 部

研　究

　現在の日本には、いかなる形で金融排除の問題が存在しているのか。また、金融包摂は、どうあるべきなのだろうか。

　そもそも、「金融排除」や「金融包摂」という用語や概念自体、国内ではまだ普及しておらず、いったい何がどう問題なのか、広く知られているとは言えない。

　第 I 部の各章を執筆した4名は共同で、国内初となるファイナンシャル・ダイアリー調査を試み、また母子生活支援施設への調査を行うことで、日本における金融排除の実態に迫ろうとした。

　日本は世界のなかでも金融システムが高度に発展した国だ。しかし、経済的に余裕のない、ギリギリの生活を強いられている人々にとって、金融サービスは生活を楽にしてくれる手段たり得ているのだろうか。むしろ、いったん債務を抱えてしまうと、やがて破産に至り、「金融リテラシーの欠如」という自己責任のレッテルを貼られてしまうのか。

　2020年初頭に始まった新型コロナウイルス感染症拡大は、特に母子世帯など経済的弱者に深刻な影響を与えた。金融ウェルビーイングの観点から、国内の金融排除の現状を明らかにしていく。

第 1 章

日本の金融排除・金融包摂
の動向

小関　隆志

　近年日本では、貧困や生活困窮が深刻な社会問題として認識され、関連の政策や研究、運動が進んでいるが、そこにおける主な関心事は就労・就学による経済的自立や生活保護などの公的扶助、住宅の確保などであり、低所得者や生活困窮者の抱える金融の問題は固有の社会問題としてまだ充分に可視化されていない。多重債務問題や奨学金問題といった個々の問題は提起されるが、金融制度全体の問題として、さらには社会的排除との関連で認識されることはあまりない。そのため、金融排除という視角から日本の現状を捉え、金融包摂の政策を構築することの意義を示したい。

1　金融排除の概念と背景

（1）金融排除の生じた背景

　世界的に金融排除が生じた主な背景は（a）金融自由化、（b）社会保障の後退・労働市場の変化と所得格差の拡大、（c）社会生活の金融化である。

　（a）金融自由化：1980年代に欧米諸国では金融の規制緩和が進み、金融業界への新規参入が急増し、1990年代には過当競争に入ったことから、銀行は富裕層に対しては預金金利引き上げや有利な資産運用などで優遇する一方、経費削減のために、不採算の地域では支店を閉鎖し、低所得者の口座開設や融資に

消極的になった（Leyshon and Thrift 1995; Carbo et al. 2005）。

　銀行が業務の効率化を進めて競争力・収益力を高めるためにとった戦略は、「階層化」「自動化」「証券化」というキーワードに表される。階層化とは、顧客を年収や信用度などのデータをもとに分類し、低リスクで収益の見込める階層（プライム層）に対しては豊富な金融商品を集中的に提供して長期的な関係を築く一方、高リスクの階層（サブプライム層）に対しては高い金利や手数料を搾取するという方法である。自動化とは、銀行が「標準的な顧客」のパターンを設定し、一定の条件を満たす顧客には機械的に一定の金融サービスを提供するという方法である。伝統的には、銀行が顧客との信頼関係や地域の状況に関する暗黙知を基礎として、顧客が置かれている個々の状況やニーズを汲み取って対応してきたが、個別に対応する労力を削ることで経費を削減した。証券化は、銀行が発行した住宅ローンなどの債権を証券会社に転売し、証券会社は大量の債権をまとめて、多様なリスクの債権が混合された証券として投資家に販売するものである。銀行は直ちに債権を転売するため、貸倒リスクを回避して利益を確定できるうえに、顧客の個々の状況を見極めてニーズに対応する必要もなくなる。その結果、銀行から高リスクと自動判定された顧客は、高い金利や手数料のサービスしか得られなくなる（Carbo et al. 2005）。アメリカの銀行は1990年代以降の競争激化と州際業務解禁により、銀行間の合併と全国規模の銀行による寡占化が進み、銀行と顧客との関係は遠ざかっていった（Leyshon and Thrift 1995）。

　(b) 社会保障の後退・労働市場の変化と所得格差の拡大：ヨーロッパ諸国では福祉国家の後退に伴って政府が年金・保険など社会保障の予算を抑制し、社会サービスの民営化を進めた。また労働市場では正規雇用の割合が減少し、所得格差が拡大した（Kempson et al. 2000; Carbo et al. 2005）。

　(c) 社会生活の金融化：社会生活を営むうえで多様な金融サービスを利用することが必須となり、金融サービスを使えないことで不都合が生じる。また社会保障の後退により、失業や病気、離婚などに際して低所得者は多額の負債を抱えがちとなる（Gloukoviezoff 2007）。

(2) 金融排除の定義と形態

　金融排除（financial exclusion）の概念は、Leyshon と Thrift が 1995 年に最初に提唱して以来、多くの研究者がそれぞれに定義してきたが、研究が進むにしたがって概念の流動化がみられるようになった。

　Leyshon と Thrift は「金融排除とは、ある社会的グループや個人が金融システムにアクセスすることを妨げる過程」（Leyshon and Thrift 1995）と定義した。これは、銀行が激しい競合のなかで収益力強化のために、不採算の地域から支店を撤退し、また低所得の顧客を冷遇して高い手数料を徴収するといった現象が 1990 年代以降のイギリス・アメリカで顕在化し、低所得者や低所得地域住民が銀行の金融サービスから事実上排除されたという問題を指摘したものである。

　「排除」という用語は、誰かが何らかの社会サービスの利用を禁じられ、それは許容できないことであり解消されるべきだ（すなわち包摂が望ましい）という規範概念を伴っている。では金融排除は、どのような金融から「排除」されることを指すのか、またそれは何ゆえに問題視されるのか。

　一つは主にイギリス・アメリカなどのアングロ・サクソン諸国にみられることだが、信用度の低い（主に低所得の）消費者が銀行で取引ができず、消費者金融や小切手換金業者などを利用し、高い金利や手数料を徴収されるという問題がある。そのため、銀行へのアクセスができずに不利な金融サービスを利用せざるを得ないことが問題だと考えられたのである。したがって「排除」は金融サービス全般からの排除というよりも、相対的に有利なサービスからの排除という意味合いが強い。もう一つはフランスのように社会生活を送るうえで銀行の基礎的な金融サービス（口座振込など）が必須という制度的環境がある場合、口座がなければ就職や家賃支払等の基礎的な生活ニーズも満たせないので、全ての人に金融サービスへのアクセスをユニバーサル・サービスとして保障する必要が生じる。

　こうしたことから、銀行へのアクセスの有無という固定的な二分法で金融排除を捉える見方がかつては主流であったが（たとえば Carbo et al. 2005）、排除の境界が国や地域により相対的で、時代によっても変化するとの説（Anderloni and Carluccio 2007）、実態は「包摂か排除か」の二分法よりも複雑

で、金融機関は多種多様であり、顧客は細かく階層化されていて、「金融排除」よりも「金融生態系」のほうが実態を正確に表現できる（Appleyard et al. 2016）とか、銀行へのアクセスと銀行以外の金融へのアクセスは必ずしも連動していないとの説（Birkenmaier and Fu 2018）も登場している。銀行の金融サービスが常に他の金融サービスに比べて有利で望ましいとは限らない（たとえば銀行の当座貸越手数料が法外に高いとの批判もある）ので、固定的な二分法には限界がある。

　「排除」の語には、金融機関から利用を拒絶されるという印象があるが、ある種の消費者のニーズや条件に合った適切な商品・サービスを提供しないことで、実質的に消費者の利用を排除することを意味する。あるいは、金利や手数料が極めて高いために返済や支払が行き詰まり、消費者の生活が破綻するとしたら、消費者に対して適切な金融サービスを提供していないという意味で「排除」だと捉える。このように金融商品・サービスの適切性という要素が、金融排除の定義に盛り込まれるようになった（Kempson et al. 2000; Anderloni and Carluccio 2007; Carbo et al. 2007）。

　他方、金融排除は、社会的排除の一種である。社会的排除は、就労からの排除（失業）、教育からの排除（低学歴）、住宅からの排除（路上生活）、社会関係からの排除（孤立）など多様な要素があり、これらの排除は相互に連鎖する性質を持っている。金融排除もこうした相互連鎖の環の中に位置づけられ、金融排除が他の社会的排除の原因になったり、金融排除の結果として他の社会的排除が生じたりする。たとえば、給与振込先の口座を持たないために就職ができないとか、失業して収入が減少し、高金利の借金を背負って破産するといったことがある。Gloukoviezoffは金融排除と社会的排除の関連に着目し、金融排除がもたらす社会的影響を定義に盛り込んだ（Gloukoviezoff 2007）。

　このように金融排除の概念は変化し続けているが、本論文では金融排除と社会的排除の関連を重視する立場から、「金融排除の過程は、金融へのアクセスや使用の困難に直面した人々が、所属する社会における通常の生活を営めなくなる過程のことである」（Gloukoviezoff 2011）の定義を採用する。

　金融排除の形態としては、（A）アクセスからの排除、（B）条件面の排除、（C）価格面の排除、（D）マーケティングの排除、（E）自己排除の5種類に分類

されている（Kempson et al. 2000; Carbo et al. 2005）。(A) アクセスからの排除は、銀行支店までの遠さや銀行の信用リスク評価などにより金融サービスにアクセスできないこと、(B) 条件面の排除は、担保や保証人、返済期限などの条件が合わないこと、(C) 価格面の排除は、金利や手数料、預金額の下限設定、生命保険料の積立額が高すぎること、(D) マーケティングの排除は、低所得者などが銀行から金融商品の営業を受ける機会が少なく機会を得られないこと、(E) 自己排除は、銀行にアクセスしてもおそらく利用を断られると思って、初めからアクセスを諦めることであり、金融知識の欠如・不足や、銀行への不信感が背景にあるとされる。

(3) 先進国と途上国

金融包摂（financial inclusion）は金融排除の対概念で、金融排除を解消し、適切な金融サービスを人々に提供することを意味し、金融排除と金融包摂は表裏一体のはずであるが、先進国と途上国とでは、これらの概念に少なからず違いがあることも確かである。

上記で説明した金融排除の背景と概念は1990年代以降の欧米諸国の現実を踏まえたものであった。すなわち、金融自由化による金融機関の競争激化や、高度な金融サービスの普及、福祉国家の後退と労働市場の再編を背景として欧米で金融排除が生じた。大多数の人々に金融サービスの恩恵が普及する一方、一部の消費者に深刻な金融排除の影響が現れているというのが、先進国における金融排除問題の基本的な構図といえる。

他方、2000年代以降途上国でも金融包摂に関する言説が現れ始め、2008年の世界的な金融危機を契機として、途上国における金融包摂の促進が世界的にブームの様相を呈している。かつて金融サービスに縁のなかった多くの人々に、ITとブロックチェーン技術（一般に金融と技術をかけ合わせた造語「フィンテック」）を用いて低コストで効率的に金融サービスを提供することで、低所得者層の生活の向上を図るのである。その典型が、携帯電話を用いた送金やキャッシュレス決済である。2008年以降APECやG20の経済政策に金融サービスの普及が盛り込まれ、さらに持続可能な開発目標（SDGs）の目標にも金融包摂が掲げられた（目標8.10「国内の金融機関の能力を強化し、すべての人々の銀

行取引、保険及び金融サービスへのアクセスを促進・拡大する」）。世界銀行によれば、2011年から2017年までの6年間に銀行口座（モバイル口座を含む）の保有率は世界全体で51％から69％に上昇し、なかでもサブサハラ・アフリカ諸国におけるモバイル口座の普及は顕著なものがあった（Demirgüç-Kunt et al. 2018）。

　先進国と途上国の状況は一見大きく異なるが、発展段階論的に捉えれば、本質的に両者は共通しているといえる。すなわち金融資本が主導する金融サービスの大衆化と日常化であり、多くの人々の日常生活のなかで料金の支払いや賃金の受け取り、家計管理、借入と返済、保険や年金といった多様な金融サービスの利用が浸透し、巨大な金融システムの中に組み込まれて、否応なくその影響を受けるようになる。こうした社会生活における金融化の進展が多くの人々に生活の利便性をもたらす一方で、金融システムへの適応が困難な層や逸脱する層が社会生活の困難を経験する。現時点では、途上国では金融包摂は貧困層に益をもたらす善きものと認識されているようだが、金融化が極限まで進んだ暁には、現在の先進国が直面する金融排除の問題を、程度の差はあれ経験することになるかもしれない。

2　日本における金融排除・金融包摂

（1）金融排除の状況

　本節では日本の問題状況やそれに対する政策、研究動向をみていきたい。

　銀行などフォーマルな金融機関に口座を保有しているという点では、国民の98％が口座を保有しており（Demirgüç-Kunt et al. 2018）、アメリカの93％やフランスの94％より高く、最も金融包摂が進んだ国のひとつということになる。岡村（2006）は、日本においては預貯金口座を開設できないために基本的な金融サービスから排除されるという問題は深刻ではない、との認識を示した。銀行が口座維持手数料を徴収せず、基本的に口座維持の費用がかからないことが一因であろう。ただ、口座を保有していない残り2％をみると、たとえば定住所のない路上生活者や在日外国人労働者、DVの加害者から身を隠している被害者などが存在しており、こうした少数の金融排除層は困っていても声を上げ

づらい立場にあると考えられる。

　銀行の立地等によって金融サービスが利用しづらくなるという地理的排除の問題については、1990年代末から2000年代初めに金融自由化の影響で銀行の統廃合が進み、支店やATMの数が減少するとともに地理的分布の偏りが顕在化した（田尻2003；近藤2007）。農業協同組合の店舗数は、1990年代の約17,000店舗から2012年には約8,700店舗へと半減し、都市銀行や信用金庫などは1990年代のバブル崩壊から2000年税前半にかけて店舗を統廃合した（西原2015）。また2000年代前半に小泉政権下での郵政民営化の議論の際に、郵政事業が民営化すれば採算のとれない過疎地から簡易郵便局が撤退し、その地域唯一の金融サービスが消えてしまうことが懸念された（田尻2010）。結果的には、郵政民営化にあたってユニバーサル・サービスが義務づけられ、過疎地の郵便局は存続し得た。近年は経費削減のため銀行の支店がATMに置き換わり、さらにネットバンキングの普及に伴い、銀行独自のATMがコンビニエンスストア内のATMに置き換えられるようになったため、現金の預け入れや引き出しはATMで手軽にできるものの手数料がかかり、また支店での手続きは不便となった。こうした変化は、ネットバンキングを利用できない情報弱者や、営業時間内（ないし手数料無料の時間帯）に銀行店舗・ATMにアクセスできない交通弱者に対する排除を生み出している恐れがある。

　金融機関への地理的なアクセスという次元を超えて、個々の金融サービス（貯蓄、融資、保険など）について、金融排除はどのように生じているのか。

　金融広報中央委員会「家計の金融行動に関する世論調査」［二人以上世帯調査］（2019年）によれば、口座を持たない世帯は1.0%と極めて少ないが、金融資産を保有していない世帯は23.6%で、年間収入の多寡によって大きな格差がみられる（年収300万円未満の世帯は39.1%に対し、年収1,200万円以上の世帯は5.1%と約7倍の開きがある）（表1-1）。年齢別に金融商品（預貯金、信託、保険、債券、株式、投資信託など）の保有額をみると、20〜30歳代の保有額が少なく、60歳以上に偏っている。

　年収や年齢によって必ずしも消費者が明示的に排除や差別を受けたという意味ではなく、あるいはいかなる原因で金融資産の偏在が生じているのかはこの数値だけでは判断しきれない。だがこの統計からわかることは、口座普及率が

表1-1　金融商品保有額（金融資産を保有していない世帯を含む）　　　　　　（単位：%）

		二人以上世帯		単身世帯	
		金融資産非保有	300万円未満	金融資産非保有	300万円未満計
全国計		23.6	15.6	38.0	28.6
年齢別	20歳代	22.9	52.1	45.2	42.6
	30歳代	15.8	32.1	36.5	30.4
	40歳代	18.7	20.4	40.5	23.2
	50歳代	21.8	13.1	37.2	25.3
	60歳代	23.7	10.7	29.8	18.0
	70歳代	31.1	9.7	—	—
年収別	収入はない	37.0	11.1	73.1	11.6
	300万円未満	39.1	16.2	42.5	32.4
	300〜500万円未満	20.9	19.2	28.1	30.3
	500〜750万円未満	13.5	20.6	15.7	20.9
	750〜1,000万円未満	9.7	13.1	4.5	18.2
	1,000〜1,200万円未満	10.3	7.5	0.0	12.5
	1,200万円以上	5.1	5.9	11.8	5.9
	無回答	44.0	6.9	0.0	100.0

出所：金融広報中央委員会「家計の金融行動に関する世論調査」（2019年）

いくら高くても、何らかの経済的・社会的要因により、金融サービスの利用という点ではある種の人々には金融排除が生じている恐れがある。

　生活資金や住宅資金が必要になった際に法外に高い金利や手数料を要求されたり、必要な額を必要な時期に借りられないために進学をあきらめざるを得なくなったりするのは、適切な融資サービスから排除されている、というように考えると、いわゆる多重債務問題や奨学金問題は金融排除のひとつに位置づけられる。1970年代後半から消費者信用市場が拡大し、当時サラリーマン金融ないし団地金融と呼ばれた消費者金融（貸金業者）が台頭した。1978年には全国サラ金問題対策協議会が設立され（後年、全国クレジット・サラ金問題対策協議会に改称）、朝日新聞が「サラ金問題」特集を連載して、多重債務問題が社会問題として大きくクローズアップされた。複数の貸金業者から自転車操業的に借りては返すことを繰り返すため多重債務問題と呼ばれるが、複数かどうかはともかく、自力で返済できる範囲を超えて多額の借金を負って生活が破たんすることが問題といえる。

　貸金業者の問題は俗に「サラ金三悪」と呼ばれる高金利、過剰貸付、暴力的な取り立ての3つとされ、特に金利については度重なる出資法改正により段階的に引き下げられてきた。銀行はリスクの低い顧客に低金利で融資するのに対し、貸金業者はリスクの高い顧客に対して高金利で融資してきた。貸金業者やクレジットカード会社は、銀行から排除された人々の資金需要の受け皿として機能してきた面は否定できない。低所得で充分な資産や貯蓄がない脆弱な人々にとって、何らかの事情で収入が突然途絶えたり、急な支出に見舞われたりした場合、資金不足を埋め合わせて当面の困難を乗り切るための選択肢は限られている。身近に頼れる親戚や友人がいなければ、高金利を承知しつつも、借金に依存せざるを得ない（鳥山 2002）。

　貸金業の上限金利を20％に引き下げ、借金額を年収の3分の1以下に制限し（＝総量規制）、貸金業者への規制を強化した改正貸金業法が2006年に成立し、2010年に完全施行した。これにより多重債務問題はいったん沈静化したかにみえたが、貸金業法の規制の対象外である銀行がカードローンを発行し、年収要件なしに多額を貸しつけるようになり、2015年以降は、それまで減少傾向にあった自己破産件数が再び上昇に転じた。貸金業者に代わって過剰貸付を始めた銀行に対して、日本弁護士連合会が「銀行等による過剰貸付の防止を求める意見書」などで批判の声を上げた。

　2000年代後半以降、多重債務問題は次第に生活困窮問題へと変質してきたと指摘されている。貸金業法改正までの多重債務問題は、貸金業者による高金利や過剰貸付が元凶だとみなされていた。貸金業法改正で上限金利の引き下げや総量規制を導入してみると、こんどは低所得による生活費の不足から税金・公共料金・家賃の滞納が目立つようになった。2008年の金融危機に端を発する不況でこうした傾向に拍車がかかった。料金の滞納も一種の借金であるが、債務整理の対象にはなじまず、しかも滞納によってライフラインを止められたり、住宅を追い出されたり、給料や預金を差し押さえられたり、さらに滞納のため信用情報機関の事故情報に掲載されたりする。消費者信用生活協同組合（以下、信用生協と略称）の相談者のなかで、年収200万円以下の相談者が全相談者の6割近くを占め、また貸金業者からの借り入れに代わって家賃や公共料金、教育費の滞納が増加したという（上田 2012）。収入も資産もなく、誰から

も借りられず（返せる見込みもない）、しかも精神疾患や依存症などを抱えているような場合、本来であれば生活保護の対象となるはずであるが、実際には保護から排除され、借金や滞納として問題が顕在化しているといえる。

　貸与型奨学金も金融排除の観点から考察の必要がある。そもそも政府が給付型奨学金ではなく貸与型奨学金のみを用意し、しかも1999年以降有利子型を急激に増やしてきたことから、奨学金に依存せざるを得ない世帯は金利負担を余儀なくされたわけだが、保証人を見つけられずに利用を断念する人が多く、また奨学金を借金とみなされて銀行から別の借金をできなくなることもあるという（鳥山 2012）。奨学金を借りても卒業後に非正規の職にしか就けず、返済できずに自己破産に追い込まれる例や、保証人である家族や親戚にも破産が連鎖する例があるといわれる。世界的にみて、日本は教育費の個人負担割合が極めて高い国であり、また低賃金で不安定な非正規雇用が増えている。政府は2020年4月、消費税増税分を原資に、低所得世帯を対象とした授業料免除（「大学無償化」）を設けるに至ったが、大学生活にかかる費用は授業料以外にも少なからずあることには留意を要する。

　2019年末に中国から拡散した新型コロナウイルス感染症は、短期間に極めて多数の死者を出し、また学校の休校や緊急事態宣言、外出自粛要請に伴い、経済活動の停滞による休業者・失業者が続出した。政府は2020年4月の月例経済報告で、リーマン・ショック後の2009年以来10年ぶりに、景気判断に「悪化」の表現を用いた。貧困問題に取り組む弁護士・司法書士、NPO、労働組合などが、新型コロナウイルスの影響を受けて収入が急減した人々からの相談を受けているが、その相談のなかには、家賃やローンが支払えない、借金を返済できないといった相談も多く寄せられた。

　東京都生活再生相談事業を受託している一般社団法人生活サポート基金によれば、2020年3月の新規相談件数は過去最多の123件を数え、相談者のなかには複数の消費者金融から借りている人もいて、今後多重債務者がさらに増える恐れがあるという（「『借金返せない』コロナで相談相次ぐ　多重債務者急増の懸念も」NHKニュース 2020.4.22）。

　給料の前払いをうたい文句に、「給料ファクタリング」と称して事実上現金を貸し付ける業者も横行しているが、困窮した人々にとって他に選択肢がな

く、極めて高金利（年利換算で1千％超の場合も）で借りてしまっている（「『給料前借り』相談急増」朝日新聞2020.4.15夕刊）。給料ファクタリングに関する相談は2019年以降目立つようになり、訴訟も起きたが、金融庁や東京地裁はこれを貸金業にあたると判断し、東京の3弁護士会は被害対策弁護団を結成した。

　勤め先の休業や倒産、シフトの削減や解雇で収入を失った人にとって、貯蓄の取り崩しで乗り切れない場合、当面の生活を維持するための資金を調達することが喫緊の課題となっているが、生活に必要な資金を充分得られない状況が金融排除といえる。

（2）金融包摂政策

　国内における近年の金融包摂政策として第一に挙げられるのは、2007年4月に始まった政府の多重債務問題改善プログラムであろう。改正貸金業法の成立（2006年）を受けて内閣に設置された多重債務対策本部が同プログラムを決定した。改正貸金業法は上限金利の引き下げと総量規制の導入にふみきったが、その当時貸金業者から1件でも借りている人は1,400万人、5件以上から借りて3か月以上延滞している人は130万人と推計された。貸金業者からの借金を抱えた人を対象とした対策が必要ということで、このプログラムは「丁寧に事情を聞いてアドバイスを行う相談窓口の整備・強化」「借りられなくなった人に対する顔の見えるセーフティネット貸付の提供」などの対策を掲げた（横沢2008）。消費者に対しては家計相談、セーフティネット貸付、金融経済教育の3つが挙げられている。

　セーフティネット貸付は直接的な金融包摂の手段といえるが、その最大の意義は債務整理後の生活再建を支援するところにある。かつて多重債務者にとって債務から逃れる方法は自己破産しかなかったが、2000年前後に個人再生や特定調停など、債務整理の法的選択肢が整備されてきたこと、またグレーゾーン金利が解消したこともあって、まずは債務を圧縮してから残債を返済するという債務整理方法が確立した。だが債務整理や自己破産によって過去の債務を返済できたとしても、信用情報機関に事故情報（いわゆるブラックリスト）が掲載され、5年ないし10年間は金融機関からの新たな借り入れが事実上不可能となる。そのため、債務整理後の生活再建に必要な生活資金を融資する必要が生

じる。それがセーフティネット貸付の主な役割だが、必ずしも貸付だけで解決するわけではない。多重債務に至った原因としての失業や疾病などの問題を解決しないと再び苦境に陥る恐れがあるため、家計相談が貸付の前提条件となっている。

　多重債務問題解決プログラムにおける家計相談やセーフティネット貸付のモデルとなったのが、信用生協における取り組みであった。1969 年に設立された信用生協は全国で唯一、信用（融資）事業を専業とする生協であり、岩手県盛岡市に本部を置き、現在岩手県・青森県全域で事業を展開している。信用生協はサラ金問題が社会問題化した 1980 年代以降、自治体や弁護士会、地元の銀行などと幅広く連携しながら多重債務者の生活再建のため家計相談と債務整理、低金利融資への借り換えを進めてきた。また、様々な金融詐欺事件の被害者救済にも尽力してきた。

　信用生協の経験に学んで、2000 年代後半から 2010 年代半ばにかけて東京、千葉、福岡、宮城などでも主に生協が家計相談とセーフティネット貸付を行う事例が登場した。日本生協連もこうした事業を全国に幅広く展開しようとした。市民間の相互扶助は生協の理念に適っており、政府の多重債務対策とも一致していた。しかし現時点では、それ以上に幅広く普及展開する見通しは立っていない。その主な理由としては、家計相談と貸付の事業が生協組合員の理解を得るまでに時間と労力を要することに加え、採算面で厳しいこと、信用事業の生協を設立するには出資金 5,000 万円以上が必要なために設立が事実上困難であること、が挙げられる。

　低所得層が貧困に陥ることを防ぐために生活福祉資金や母子寡婦福祉資金といった公的な福祉貸付制度が設けられている。これらの貸付制度は低金利だが、生活福祉資金は住民税非課税世帯や障がい者世帯、高齢者世帯に限られ、母子寡婦福祉資金は保証人を必要とすること、さらに運営する自治体や社会福祉協議会によって扱いに温度差が大きいこと、認知度が低いなど多くの問題を抱えており、結果的に多重債務を防ぎ得ず（岩田 1990）、多重債務者の救済にもつながらなかった（佐藤 2012）との批判が根強い。住民税課税世帯であっても生活に困窮している場合や、非正規就労で所得が安定しない場合、料金の滞納や債務を抱えている場合などは、福祉貸付制度を利用できない。

　前述のように、2000年代後半以降は多重債務問題から生活困窮問題へと変質した。生活保護世帯数は年々急増し、2015年度の被保護世帯数は162.9万世帯（1か月平均：保護率32.4‰）となった。政府は生活保護に至る前の自立支援策として生活困窮者自立支援制度を創設した（2015年4月施行）。自立支援事業のメニューには任意事業として「家計相談支援事業」が盛り込まれ、生活困窮者の家計再建に向けた相談支援や、貸付のあっせんを行うものとされた。これに伴い生活福祉資金との連携強化も図られ、生活福祉資金の貸付にあたっては原則として自立相談支援事業の利用が必要となった。2018年の法改正で「家計相談支援事業」を「家計改善支援事業」に改称し、実施を努力義務とした。厚生労働省は2022年度までに全自治体で家計改善支援事業の実施を目指すとしている。ただし、そうした支援事業がセーフティネット貸付とどの程度連携して対応し得るのかは課題として残されていると思われる。

　2020年3月以降深刻化した新型コロナウイルス感染症拡大の影響を受けて収入が急減した人に対し、政府は生活福祉資金の特例貸付や税金・公共料金の支払い猶予の政策を打ち出すとともに、国内在住者に一律10万円の給付金を支給することとした。自治体のなかには独自に生活資金の貸付制度を設けたり、税・料金の支払期限を延長したりする例も現れた。民間では生命保険会社が保険料を担保とした貸付制度を設けているが、その貸付金利をゼロ％にしたり、保険料の払込期限を延長したり、新型コロナウイルスに感染して死亡した場合に保険金を割り増して支払ったりする保険会社も出てきた（概要はコラム2を参照）。クラウドファンディングで寄付金を募り、住まいや仕事を失った人に支援する取り組みも始まった。

　政府・民間ともに様々な支援策が打ち出されてはいるが、収入が急減した人の当面の生活を支えるだけの充分な金融セーフティネットたり得ていない。休業中の賃金補償がないなど、影響の大きさに比べて支援策の規模が小さく、また保険によるリスクヘッジが用意されておらず、しかも感染拡大防止のため、経済活動の刺激ができないのである。

　さらに、当面の生活資金を調達するために社会福祉協議会から資金を借りた人は、後に返済を求められる。新型コロナが今後いつ収束し、景気が回復し、雇用を得て収入が得られるようになるのか、借りる時点では予測がつかない。

しかし、返済期限は決まっている（緊急小口資金は2年、総合支援資金は10年）。震災の被災者が当面の生活資金を借りて、後に返せなくなる人が続出したように、借金の返済が重荷になって生活が行き詰まる恐れも否定できない。給付金の額や免除額が小さく、貸付金の額が大きいほど、そして返済条件が厳格なほど、返済が生活再建を妨げる要因となり得る。

　貯蓄がなく、毎月のギリギリの収入で生活してきた人にとって、収入が一時的にでも途絶えることは命にかかわる脅威となる。金融ウェルビーイングの構成要素（第2章参照）である「金銭的ショックを吸収するだけの能力」がなく、たちまち生活が成り立たなくなる。こうした人々に対して、給付金がわずかしかなく、貸付の選択肢しか実質的に用意されていなければ、背に腹は代えられないので、生活のためにやむを得ず借り入れせざるを得ない。その借入が中長期的に返済の負担となって生活に重くのしかかるとすれば、金融包摂の観点からして持続可能な方法とは言い難い。貸付制度は、中長期的な影響も考慮して設計すべきである。

3　研究・政策への示唆

　前節では日本の金融排除の現状として、金融機関の地理的分布の偏りや、金融資産保有者層の偏在、多重債務問題などを取り上げた。しかし、実はこれらの問題はあくまでも金融排除の蓋然性を示唆しているに過ぎない。統計上、金融機関から地理的に離れた場所に住み、金融資産を保有しない人々が一定存在していたとしても、その人々がそのことによって生活にどのような不利益をこうむっているのか、他の社会的排除とどのような因果関係にあるのかは必ずしも明確ではなく、推測に任せるしかない。

　金融包摂政策として取り上げたセーフティネット貸付や福祉貸付制度についてみると、たとえば生活福祉資金の貸付対象者は住民税非課税世帯や障がい者世帯・高齢者世帯に限定しており、その条件に当てはまらない世帯は利用できない。民間のセーフティネット貸付のある地域も限られている。したがって、どの金融サービスからも制度上排除される人が存在するであろうことは指摘できるが、そうした制度の狭間や制度運用上の欠陥を指摘するだけでは、具体的

にどのような人々がいかなる困難な状況に置かれて、金融サービスを利用できないために深刻な不利益をこうむっているのかという問題状況を把握できない。

　他方、多重債務や自己破産はあくまでも現象レベルの問題であって、その背後にある諸問題や全体像を分析しなければ、金融排除のメカニズムは充分解明できない。債務整理によって信用情報機関に事故情報が登録され、その結果金融機関から借りられなくなるといったシステム上の排除は、比較的わかりやすい。しかし、貸金業者やクレジットカードからの高金利の借金、税金や公共料金・保険料・家賃の滞納に至った過程に目を向ければ、低賃金・不安定就労による生活費の不足や、失業、精神疾患、依存症、ドメスティック・バイオレンスなどの原因があるとも指摘されている。筆者は、貧困・社会的排除と金融排除の間に相互作用があると考える（図1-1）。

図1-1　貧困・社会的排除と金融排除の相

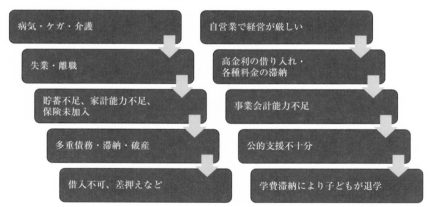

出所：筆者作成

　ひとりひとりが直面している状況は大きく異なる。日本語能力が低い外国人住民が契約書を理解できなかったり、老親の介護のために退職して多額の借入をしたり、買い物依存症で支払い能力を超えた出費を繰り返したり、親会社の倒産によって破産し路上生活になったりと問題は多様である。

　日本で金融排除がどのように生じていて、人々の生活にどの程度深刻な影響をもたらしているのか。問題の予防や救済のためにはどのような条件の金融サービスが求められるのか。日本で金融包摂策としてマイクロファイナンスを提供する可能性はどの程度あるのか。あるいは、そもそも生活の困難に直面した世帯が借金に依存しなくても済むような公的支援や、多重債務者の抱える根本的な問題の解決のための支援とは何か。

　こうした問いに答えるには、制度や統計などのマクロレベルからのアプローチだけではなく、ミクロなレベルで金融排除の多様な実態を明らかにしたうえで、それに対応したきめ細かな金融包摂政策を、他の社会的包摂策と関連づけて検討することが求められる。

　日本において金融排除・金融包摂という視点から問題を見出し、対策を講じることの意味は、これまで別々に論じられてきた個別の問題や対策（多重債務、福祉貸付、生活保護、生活困窮者自立支援、奨学金など）を金融という共通の軸で包括的に捉えるとともに、失業やホームレスなど他の社会的排除との関連を視野に入れて、普遍的な対策を設計できることであろう。

参考文献

岩田正美（1990）「社会福祉における『貨幣貸付』的方法についての一考察：世帯構成資金貸付制度をめぐって」『人文学報．社会福祉学』（東京都立大学）6 号：133-168。

上田正（2012）「相談・貸付事業の新たな展開と被災者支援」『生活協同組合研究』434 号：29-38。

岡村秀夫（2006）「金融業におけるユニバーサル・サービスと金融排除問題」『研究助成論文』（ゆうちょ財団）15 巻：1-24。

近藤万峰（2007）「大阪府における金融機関の店舗減少の分析：地域間での比較を中心に」『愛知学院大学論叢商学研究』47（3）：81-95。

佐藤順子（2012）「生活福祉資金貸付制度の改正が意味するもの：2009 年 10 月改正を中心に」『佛教大学社会福祉学部論集』8 号：57-77。

田尻嗣夫（2003）「民間金融機関による小口・個人、零細事業者・地域社会への金融機会の提供」・「わが国における金融排除の実態に関するアンケート調査結果」（財）郵便貯金振興会　貯蓄経済研究室『金融排除に関する調査研究報告書』。

田尻嗣夫（2010）「標準化と地域特化の複合型金融サービスを」『JP 総研 Research』9 号：3-15。

鳥山まどか（2002）「母子世帯の家計に関する研究：動向と課題」『教育福祉研究』（北海道大学大学院）8 号：1-11。

鳥山まどか（2012）「家計に見る女性の困難：生活再生貸付利用者へのインタビュー調査から」『教育福祉研究』（北海道大学）18 号：1-14。

西原正浩（2015）「オムニチャネル時代　有人店舗の現状と将来像」NTT データ経営研究所『月刊金融ジャーナル』56（3）：16-19。

横沢善夫（2008）「改正貸金業と東京都における生活再生支援事業」『生活協同組合研究』388 号：25-31。

Anderloni, Luisa and Menuele Maria Carluccio（2007）"Access to Bank Accounts and Payment Services", in: Luisa Anderloni, Maria Debora Braga and Emanuele Maria Carluccio eds., *New Frontiers in Banking Services*, Springer.

Appleyard, Lindsey, Karen Rowlingson and Jodi Gardner,（2016）"The variegated financialization of sub-prime credit markets", *Competition & Change*, 20（5）.

Birkenmaier, Julie and Qiang Fu（2018）"Household Financial Access and Use of Alternative Financial Services in the U.S.: Two Sides of the Same Coin?", *Social Indicators Research*, vol.139（3）, 1169-1185.

Carbo, Santiago, Edward P.M. Gardener and Philip Molyneux（2005）*Financial Exclusion*, Palgrave Macmillan.

Carbo, Santiago, Edward P.M. Gardener and Philip Molyneux（2007）"Financial Exclusion in Europe", *Public Money & Management*, 27（1）, 21-27.

Demirgüç-Kunt, Asli, Leora Klapper, Dorothe Singer, Saniya Ansar and Jake Hess（2018）*The Global Findex Database 2017*, World Bank Group.

Gloukoviezoff, Georges（2007）"From financial exclusion to overindebtedness: the paradox of difficulties for people on low incomes?", in Anderloni L., Braga M.D. Carluccio E. eds., *New frontiers in banking services*, Springer.

Gloukoviezoff, Georges（2011）*Understanding and Combating Financial Exclusion and Overindebtedness in Ireland: A European Perspective*, The Policy Institute, Ireland.

Kempson, Elaine, Claire Whyley, John Caskey and Sharon Collard（2000）*In or out? : Financial exclusion: a literature and research review*, Financial Services Authority.

Leyshon, Andrew and Nigel Thrift（1995）"Geographies of Financial Exclusion: Financial Abandonment in Britain and the United States", *Transactions of the Institute of British Geographers*, 20（3）, 312-341.

コラム1

無貯蓄世帯

　かつて高い貯蓄率を誇っていた日本では1990年代後半から2000年代にかけて家計貯蓄率が大幅に下がったことから、貯蓄率低下の要因について、高齢化、景気後退などの説が唱えられたが、いまだ定説はない。

　貯蓄率が低下したとはいえ、誰もが等しく貯蓄を減らしたわけではない。堀江（2007）は「近年のように格差が取りざたされている状況下で分析すべきは、高齢人口の増加や景気動向如何による貯蓄率の変化自体ではな」く、「貯蓄の有無ないし無貯蓄世帯を対象とする分析」が必要だと指摘する。無貯蓄世帯に着目するのは、「失業や重い病気等が生ずると、たちまち困窮し家計としての存続自体が難しい状態に陥るリスクが高」いためだ。

　金融資産を持たない世帯は単身世帯、低所得世帯に多いが、中所得世帯にも一定程度存在していることに注意が必要である（下表参照）。（小関　隆志）

「金融資産を保有していない」世帯の割合（単位：%）

世帯類型別 年間収入別	二人以上世帯	「預金残高有」を除く	単身世帯	「預金残高有」を除く
全体	23.6	11.7	38.0	14.5
収入はない	37.0	7.4	73.1	45.3
300万円未満	39.1	17.2	47.5	14.3
300〜500万円未満	20.9	7.1	28.1	9.1
500〜750万円未満	13.5	5.5	15.7	5.1
750〜1,000万円未満	9.7	3.9	4.5	2.3
1,000〜1,200万円未満	10.3	2.8	0.0	0.0
1,200万円以上	5.1	2.2	11.8	0.0

注：無回答は省略。「金融資産」は、預金のうち「運用の為または将来に備えて蓄えている部分」であり、事業のために保有する資産や日常的な出し入れや引き落としに備えている部分などを除く。預金残高のない世帯は、日常的な出し入れや引き落としのための預金もないことになる。令和元年「家計の金融行動に関する世論調査」
堀江康熙（2007）「無貯蓄世帯の増加とその特徴」『経済学研究』（九州大学）74（3）

コラム2

新型コロナウイルス対策

　新型コロナウイルス感染症拡大の影響を受けて休業・失業し、収入が減少した人に政府・民間が支援策を講じている。以下では個人を対象とした支援策の概要を列挙した（2020年6月7日時点）。（小関　隆志）

給付	国	給付金　日本在住者（国籍不問）に一律10万円
		学生支援緊急給付金 ➤大学・専門学校等、指定された教育機関に通う学生で、家庭から自立していてアルバイト等で学費を支払っており、収入が半分以上減った学生を対象 ➤通常の学生には10万円、住民税非課税世帯の学生には20万円を支給
		新型コロナウイルス感染症による小学校休業等対応支援金 ➤対象者：企業に雇用されず、委託を受けて個人で仕事をする保護者向けの支援として就業できなかった日に対し一律日額4,100円を支給
	JASSO	修学支援制度による給付型奨学金を支給 ➤新型コロナウイルスの影響で家計が急変し、緊急に支援の必要がある場合、所得見込みにより支援対象に含まれる
貸付	都道府県社会福祉協議会	生活福祉資金　緊急小口資金（特例貸付） ➤対象者：休業等により収入の減少があり、緊急かつ一時的な生活維持のための貸付を必要とする世帯 ➤貸付額　20万円以内 ➤据置期間　1年以内／返済期間　2年以内 ➤無利子／連帯保証人不要
		生活福祉資金　総合支援資金（特例貸付） ➤対象者：収入の減少や失業等により生活に困窮し、日常生活の維持が困難になっている世帯 ➤貸付額　二人以上世帯　月額20万円以内 　　　　　単身世帯　月額15万円以内 ➤貸付期間　原則3か月以内 ➤据置期間　1年以内／返済期間　2年以内 ➤無利子／連帯保証人不要
	自治体	各自治体独自の生活資金の貸付制度 ➤千葉市（最大20万円）、いすみ市（最大15万円）、盛岡市（最大50万円）など
	生命保険	生命保険料を担保とする貸付制度の金利引き下げ ➤対象者：新型コロナウイルスの影響を受けた契約者 ➤契約者に一時的な資金を貸し出す制度（契約者貸付）の新規貸付金利をゼロ％とする

猶予	国税庁	国税の納税猶予（住民税も同様に1年間の納付猶予あり） ➤ 要件：国税を一時に納付することにより、事業の継続または生活の維持を困難にする恐れがあると認められること等 ➤ 猶予期間：1年間（状況に応じて更に1年間猶予されることがある）＊猶予期間中の延滞税が軽減される
	自治体・電力会社・ガス会社等	電力料金、ガス料金、水道料金、携帯料金の支払い猶予 政府から支払期限延長の要請あり ➤ 各自治体は国民健康保険税（国民健康保険料）、介護保険税（介護保険料）の納付、水道・下水道料金の支払を猶予 ➤ 日本年金機構は、国民年金保険料の納付を猶予 ➤ 各携帯会社は携帯料金などの支払を猶予 ➤ 電力会社やガス会社は、生活福祉資金特例貸付の利用者を対象に支払期限を延長 ➤ 大手生命保険会社は契約者からの申し出に応じて、保険料の払込期限を延長
免除	年金機構	国民年金保険料の免除 ➤ 対象者：新型コロナウイルスによる休業などで直近の所得が一定額以下（2020年2月以降の収入を年額換算）の場合
	自治体	国民健康保険税（国民健康保険料）の免除 ➤ 対象者：新型コロナウイルス感染症で主たる生計維持者が死亡または重症の場合／新型コロナウイルス感染症の影響で減収が見込まれる場合 公立の高等学校や特別支援学校などの免除・減額・猶予 ➤ 世帯の収入が大きく減って入学金や授業料などの支払いが困難になった学生を対象
保険金	保険会社	新型コロナウイルスを災害扱いとして保険金の割増支払 ➤ 生命保険の契約者が新型コロナウイルスに感染して死亡した場合、災害時などに保険金を増やす特約を結んでいる契約者に対して保険金を最大2倍支払う（明治安田生命）

注：JASSO：日本学生支援機構
出所：各団体ウェブサイト・新聞記事等を参考に筆者作成

第2章

低所得者世帯の金融排除と 金融ウェルビーイング
──ファイナンシャル・ダイアリー調査に基づく分析と考察

角崎　洋平

はじめに

　本章は、低所得者世帯が抱える家計の困難を動態的に把握することを試みるものである。そして本章は、低所得者世帯の金融排除が日本においてどのような形で存在し、どのように低所得者世帯の家計に影響を及ぼしているかを明らかにすることを目的とする。

　そのために本章では、ファイナンシャル・ダイアリーという手法を用いて、低所得者世帯の生活・家計の状況と直面する課題（家計の行き詰まりや、満たされない金融サービスへの需要）、さらには金融サービスへの需要と実際の金融行動を丹念に追い、金融排除問題を掘り起こす。

　本章ではまず、問題となっている金融排除がいかなる状態か捉えるために、「金融ウェルビーイング（financial well-being）」の視点を導入する（第1節）。続く第2節で本研究の調査方法（ファイナンシャル・ダイアリー）について解説したうえで、第3節で調査結果について確認し、金融ウェルビーイングを欠いている低所得者の生活と、金融排除により金融ウェルビーイングを欠く状態に至った過程について明らかにする。考察部分の第4節では、低所得世帯の金融排除・金融ウェルビーイングの欠如について分析し、第5節では低所得世帯にと

っても利用しやすい金融サービスの必要性についても指摘する。

1　金融排除と参照点としての金融ウェルビーイング[1]

「金融排除」とはいかなる状態を指すのだろうか。ジョルジュ・グルコビエゾフはこれを、「金融のアクセスや使用が難しくなり、所属する社会における当たり前の生活を営むことができなくなる過程」（Gloukoviezoff 2011: 12）としている。

では「当たり前の生活」とはどのような状態だろうか。人々は金融に関して、どのような状態を「当たり前」と見なしているのだろうか。アメリカの金融消費者保護局（Consumer Financial Protection Bureau：CFPB）は、金融ウェルビーイング指標を開発し、その要素として、以下の四つを示している（CFPB 2015: 18-20）。

①日々、もしくは毎月の、資金繰り（finance）をコントロールできること
　（例：日々を何とかやっていくための資金について心配しないで済む）。
②金銭的（financial）ショックを吸収するだけの能力があること
　（例：急に車が故障して修理が必要になったり、解雇されたりなど、予期できないライフイベントに遭遇した時に、クッションとなるような家族や友人、貯蓄や保険などが存在する）。
③金銭面での目的（financial goal）の充足に向けて順調であること
　（例：車や家を購入するために貯蓄したり、学生ローンを支払ったり、退職に備えたりなど、将来に向けた金銭面での計画を保持している）。
④人生を享受するための金銭面で裏付けされた選択する自由（financial freedom to make choices）があること
　（例：自らのニーズを充たすだけでなく、時には外食に出かけたり、休暇をとったりする余裕がある）。

ここで指摘されている①から④の金融ウェルビーイングの要素は、当然、民間の金融サービスのターゲット層である中高所得者のみが求めるものではな

表2-1 金融ウェルビーイングの構成要素

	現在	未来
保障	①日々の資金繰りのコントロール	②金銭的ショックの吸収力
選択の自由	③人生を享受するための選択の自由の金銭的裏付け	④金銭面での将来計画

出所：CFPB（2015: 20）

い。低所得者・生活困窮者等であっても、当たり前に必要とされるものである。

　これらの達成困難は、まさに「当たり前の生活」からかけ離れてしまっている状態を示しているといえよう。

　本章ではこうした金融ウェルビーイングの欠如を、金融排除定義でいう「当たり前の生活」を欠いた状態と見なして、第3節以降で確認する調査結果を分析していきたい。

2　調査方法[2]

　本章は、金融排除による「当たり前の生活」を欠いた状態として金融ウェルビーイングの欠如を捉え、以下の調査により、調査対象者が「日々の資金繰りのコントロールができているか」「臨時の金銭的ショックに対応することができているか」「現在と将来の双方において選択の自由のための金銭的な裏付けがあるか」を確認する。そして帰結状態としての金融ウェルビーイングの欠如だけではなく、そのような状態に至った過程についても確認していきたい。そのため本章では、個々の低所得者の時期による状況の変動や、一定の状態に至った経緯を確認するため、少数の対象者に対して一定期間継続的に調査する方法を採る。具体的にはファイナンシャル・ダイアリー調査の手法を用いる。

　従来から低所得者等に対する家計調査は実施されているが、従来の家計調査とファイナンシャル・ダイアリー調査の違いは、比較的少数の家計を長期間にわたって継続調査することにある。家計調査では多数の調査対象者を分析することができる反面、スナップショット的な家計上の困難の把握にとどまる。そのため、家計が困難に陥った経緯や背景の把握は難しい。一方ファイナンシャル・ダイアリー調査は、特定の家計の一定期間の間に高頻度で訪問調査するこ

とで、家計上の困難が発生した原因や、その困難が将来的にもたらす影響などを、動態的に把握することを可能とする[3]。

　本調査はこのファイナンシャル・ダイアリー調査に倣い、調査員が1年間にわたって隔週で調査対象者を訪問し、調査対象者の世帯の収支と金融行動（貯蓄、借り入れ、返済等）のデータを取得するとともに、その世帯の属性や背景、生活状況などの定性情報を聞き取ることを続けた。調査対象者へのインタビューは非構造化方式を採用した。調査は2016年10月から2018年11月までの間に14名に対して、各1年間の調査を実施した。

　調査対象者としては生活保護受給者とボーダーライン層（低所得の非受給者）の双方を対象に含むことにした。また、多重債務や自己破産、病気・障害、定住外国人などを原因とした金融排除の可能性が考えられるため、多様な属性が含まれるよう配慮した。具体的な対象者の選定・推薦は、生活困窮者を支援する団体に依頼した。なお調査対象の多様な属性や調査数の確保といった目的もあり、調査対象者の選定に際し、事前に対象者の所得上限や下限を設定することはしなかった。そのため調査対象に生活保護世帯も多く含むことになった。本章では、特に断りのない限り「低所得者（世帯）」には「生活保護受給者（世帯）」も含まれている。また調査対象者の居住地は東京23区もしくは政令指定都市である。

　調査員は社会福祉士会を通して公募した社会福祉士とした。その理由は、社会福祉の専門的知見を有する者の方が、調査対象世帯の生活上の困難の実態や、その背景について正確に把握することができると考えたからである。また、生活上の困難を抱える対象者の家計というセンシティブ情報を取り扱うことから、秘密保持義務（介護福祉士及び社会福祉士法第46条）があり、必要なコミュニケーションスキルを持つ社会福祉士が適任と考えたためである。

　本調査は「佛教大学　人を対象とする研究計画等審査」の承認を受けており、原稿については事前に研究協力を得た関係者に了解を得ている。

3　調査結果の概要

　調査対象者は表2-2のとおりである。

表2-2　調査対象者の属性等分類

番号	年齢	性別	世帯	属性・状況	主な収入源	親族関係[4]
No. 1	50代後半	女	単身	慢性的体調不良	生保	疎遠
No. 2	60代後半	男	単身	高齢	生保	疎遠
No. 3	70代前半	男	単身	高齢	生保	疎遠
No. 4	40代前半	男	単身	精神障害	生保	疎遠
No. 5	30代後半	女	単身	精神障害	生保＋非正規	疎遠
No. 6	60代[5]	男	単身	高齢	生保＋老齢年金	支援受けず
No. 7	70代後半	女	単身	高齢	生保＋老齢年金＋非正規	支援受けず
No. 8	80代前半	男	夫婦のみ	高齢	老齢年金	息子の支援
No. 9	40代前半	男	単身	発達障害	障害年金＋非正規	姉の支援
No.10	60代前半	男	単身	高齢	老齢年金＋非正規	支援受けず
No.11	30代前半	男	単身	病識ある	非正規	疎遠
No.12	40代前半	女	夫婦＋子2	夫が人工透析中	正規雇用（＋自営業）	支援受けず
No.13	50代前半	女	夫婦＋子2	定住外国人	自営業（＋非正規）	姉から借入
No.14	50代後半	女	夫婦＋子1	定住外国人	非正規（夫婦）	親族の支援

　調査対象者を属性別にみれば高齢者が6件、障害者が3件、定住外国人が2件である。その他のケースも慢性的な体調不良があったり（No.1）、病識はあるが金銭的な理由で通院を避けているケース（No.11）、夫が人工透析治療中であるケース（No.12）であったりなど、なんらかの生活上の困難を抱えている。なおNo.13・No.14の定住外国人は日本での定住歴が約30年である。年齢構成でみると、30代が2件、40代が3件、50代が3件、60代が3件、70代以上が3件である。

　主な収入源別にみれば、調査対象者のうち生活保護を受給しているのは7件で、うち2件は年金も受給している。生活保護を受けていないが年金を受給しているのは3件である。年金を受給している対象者のなかには年金のみで生活が維持できている者はおらず、生活保護やアルバイト・パートなどの非正規労働、親族からの支援で生計を維持している。その他の4件はアルバイトや自営業などで生計を立てている。親族との関係が疎遠になっているケースも散見される。

　表2-3では、調査対象者の収入・現預金・負債および資金収支がマイナスになった時の対応についてまとめている。

表2-3　調査対象者の収入・現預金・負債・資金収支マイナス時の対応　　　　（単位：円）

番号	平均世帯月収	月収最大〜月収最小[6]	現預金（開始〜終了）	ローン・カード負債（終了時）[7]	資金収支マイナス（見込み）時の主な対応
No. 1	138,568	150,356〜85,532	176,544〜204,260	（破産歴有）	現預金
No. 2	127,362	190,340〜108,000	29,000〜ほぼゼロ	——	支援団体からの現物支給、食事のカット、借入（知人）、家賃支払い遅延
No. 3	122,323	130,210〜119,630	117,261〜29,692	29,692	借入（知人）、借入（携帯会社）
No. 4	82,195	120,000〜72,210	——	——	借入（知人）、電話料金滞納、食事のカット、フードバンクの利用
No. 5	100,630	144,196〜63,140	ほぼゼロ	（破産申請中）	家賃滞納、携帯電話料金滞納、食事のカット、フードバンクの利用
No. 6	118,714	220,894〜28,722	117,078〜50,174	5,000	支援団体からの現物支給、借入（知人）
No. 7	117,763	212,129〜51,123	——	（破産歴有）	現預金
No. 8	202,961	440,051〜0	ほぼゼロ	（破産歴有）	息子からの支援、各種費用の分割払い
No. 9	184,006	328,107〜0	72,145（開始時）	（調査期間中に破産免責決定）	キャッシング（カード）、借入（姉）
No.10	141,538	281,084〜3,600	約300,000	無し	預貯金
No.11	133,513	241,886〜83,893	ほぼゼロ	（破産歴有）	家賃滞納、割賦払滞納、食事のカット、フードバンクの利用
No.12	156,592	382,510〜120,000	——	リボ負債約35万他教育ローン有	クレジットカードリボ払い現預金、教育ローン
No.13	294,621[8]	490,065〜149,568[9]	56,576〜245,185[10]	1,469,793（うち事業資金123,321）	キャッシング（カード）、公共料金・国保・住宅保険料等の支払遅延
No.14	341,822	424,058〜200,875	590,666〜26,635	407,667	キャッシング（カード）、クレジットカードリボ払い、親族からの支援

　　平均月収については15万円以下の世帯が9世帯を占め、15万円以上20万円以下の世帯が2世帯である。No.8・No.13・No.14について平均月収は20万円を超えているが、うちNo.13とNo.14は定住外国人の世帯であり、第4節で確認するように生活は安定しているとは言い難い状況である。また調査対象者の多くは、低所得であるのみならず毎月の収入の変動幅が大きい。非正規雇用や自営業のケースにおいて変動幅が大きいのは容易に想像がつくが、年金を受給している対象者にも変動が大きいことに注目する必要がある。これは年金の2か月まとめ支給のためである。

　資産状況について調査終了時点で平均月収を超える現預金があるのはNo.1とNo.10のみである。ほぼ現預金ゼロの世帯も少なくなく、調査終了時点で平均月収の半額以上の預貯金を確認できた対象者は、No.1・No.10以外にはNo.13のみである（ただしNo.13は預貯金以上の負債がある）。

　表2-3では子どもの進学や突発的な病気・事故、または趣味・ギャンブルなどの衝動的な消費により月の支出が急増する場合の対応についても確認している。そうした際に一定程度の現預金を所持しているケースにおいては蓄積した現預金の取り崩しで対応しているが、そうでないケースにおいては知人・親族からの少額借入やクレジットカードの利用で対応しているケースが多い。自己破産歴等を理由としてカードローンなどを組めない対象者については、支出を削減する方法として、支援団体からの食料などの現物支給に頼るケースや、食事を減らしたり各種支払いを遅延させたりすることで凌いでいるケースも散見される。

4　調査結果の分析と考察——金融ウェルビーイングの視点から

（1）日々の資金繰りのコントロールの欠如

　以上の調査の結果を、各事例の実態を参照しながら、金融ウェルビーイングの視点で整理する。なお各事例の来歴や、事例別に整理した金融ウェルビーイングと金融排除の詳細については角崎（2020）を参照されたい。

　まず、「日々の資金繰りのコントロール」の有無についてである。調査対象世帯において、毎月の収入が安定しているのは、主に生活保護費で生活している世帯（No.1〜No.4）と正規職員としての給与収入があるNo.12のみである。それ以外の世帯は非正規雇用・自営業や年金の2か月まとめ支給のために毎月の収入の変動が大きい。また生活保護を受給しつつ非正規雇用で就労しているケースでは、毎月大きく変動する給与収入との調整で翌月以降の生活保護費が調整されているため、結果として毎月の収入の変動が大きくなっている。

　　　　（No.5）
　　　調査開始2か月後よりパート労働を始め、以降は生活保護とパート労働の収入で生活している。ただしその分生活保護費も減額されており収入はあ

まり向上していない。むしろ月々変動するパート労働収入（約3万～8万円））に合わせて生活保護費も変動（約2万～7万円）しており合算した毎月の収入の不安定さは高まっている。

（No.6）
老齢年金と生活保護の併給のため偶数月（年金支給月）と奇数月の変動が激しい。年金支給額は2か月分で約17万円、生活保護支給額は毎月2.8万円である。

こうした中で、給与収入の少ない月に食費を削ったり、家賃を滞納したりして資金繰りする世帯も確認されている。

（No.11）
生活保護廃止後、職場で安定した人間関係を構築するのが困難な様子で、アルバイトの退職・転職を頻繁に繰り返している。そのため毎月の収入額に変動が大きい（8.5万～24.2万円）。就労自立支援給付金が保護廃止約半年後に送金されているが、その入金があった月は労働時間を減らしている。収入が少ない月に家賃滞納多く、食費もカットしている。家賃滞納額は調査開始時点では更新料のみだったが、調査終了時点で約6か月の滞納になっている。

もちろん収入の変動に加えて、収入の低さ自体も問題である。上述のように、調査対象の多くの世帯が15万円程度の月収で、収支の赤字への対応に苦慮しているケースも少なくなかった。赤字の補填のためにカードでのキャッシングやリボ払いを蓄積させているケースも確認された。

（No.9）
調査期間の前半においては毎月の借金返済（自動車ローンやキャッシング、返済約7万円）があり、収支を圧迫した。さらに追加のキャッシング利用で負債が3か月間で9万円増加した。さらに実母が他界したとのことで、

急遽、帰省費用・喪服購入などでさらに10万円をキャッシングする。この時姉にも6万円借り入れしている。借入急増により返済が困難になり破産申請し、免責決定がおりる。

　（No.12）
調査開始1か月目のみ、夫の収入もあったが、夫が就労困難になり、その後収入は調査対象者の収入（月12万円）のみの状態。毎月の平均支出額は35万円程度であり、預金を取り崩したり、支払いをリボ払いにしたりすることで生計を維持している。夫の自営業のための車両維持費（月6万円）も家計を圧迫している。

　カード利用していない世帯（そのうち一部は自己破産歴有り）では、上述のように毎月の収入変動がないケースにおいても、毎月の家賃や公共料金を滞納したり、食事をカットしたりして資金繰りに苦慮していることが複数確認された。

　（No.4）
生活保護で収入は安定している（家賃について生活保護費から直接支払いしている様子で収支の記録には反映されていない）が、精神障害もあり引きこもりがちな状態にある。そのため水道光熱費の収入に占める割合が大きい。冬季には60％にも及ぶ。生活保護費の振込日前日にはほぼ現預金は無い状態で、資金繰りは非常に厳しい。携帯電話料金の支払いは2か月ほど遅れている。食事については本人の偏食が激しいこともあるが、ほぼコンビニのおにぎりしか食べていない。フードバンクも時折利用するが、あまり利用したがらない。

　収入の不安定や収入の低さに加え、日々の資金繰りのコントロールが欠如している要因として、個人的な要因も確認できた。上述のNo.4の調査対象者は精神障害者福祉手帳を保持しており、収支が逼迫する原因として引きこもり気味の生活スタイルがあるように思われる。また上述のNo.9の調査対象者は、精神障害の診断を受けており障害年金も受給しているが、上述の免責決定後、

再び浪費を繰り返している。

（No.9）
　免責決定後、返済が不要になったため資金繰りに余裕が出たが、その後遊
興費・煙草代・宝くじ購入費が急増した。職場で人間関係が築きにくいこ
とがストレスになっており、その解消のために消費額が増加している。

　また定住外国人であり日本語読解力が低いことが、資金繰りの面で悪影響を
及ぼしているケースもあった。

（No.13）
　日本での定住歴約30年の外国人。調査対象者は親族等からの融資を受け
飲食店を開業する。夫には就労収入あり。妻の自営業については、店の経
費や家計上の支出が混在しており、実態について把握困難な状態（調査対
象者自身も把握していない）。なお、最新の確定申告書の青色申告控除前所
得額は920,067円（月76,672円）となっている。日本語での会話は流暢だが、
読解力とくに漢字の読解能力は低い。収入源は調査対象者の自営業と夫の
給与収入である。飲食店の経営は順調とは言い難い状況で、夫収入の月
22万円程度の収入で主に生計を支えているとみられる。飲食店経営のた
め食事は営業用の食材の残りで対応できるが、自営業のための人件費・店
舗家賃・食材費など支払いも多い。売上も十分でないため営業用の現預金
も少なくクレジットカードのキャッシングやリボ払いを利用している。そ
の他クレジットカード・住宅の保険料・国民健康保険料・公共料金の支払
いに遅延も目立つ。日本語読解力の影響で、支払い遅延のデメリットや金
利等の条件について十分に理解していない様子もうかがえる。

　一方で、インフォーマルな関係や支援団体の支援の重要性も確認された。資
金繰りのために知人から少額借り入れしているケース（表2-3のNo.2・No.4・
No.6）や親族からの借入や支援を受けているケースもあった（表2-3のNo.8・
No.9・No.14）。加えて支援団体・フードバンクや自治体が提供する現物サービス

が、日常の消費支出を削減させ、資金繰りに寄与しているケースも確認された。

　（No.2）
　ほぼ毎日支援団体の活動に参加し炊き出しで昼食をとっている。コメや家財道具も支援団体から譲り受けている。理容サービスも支援団体が提供するものを利用し、風呂は区から支給される銭湯券で利用している。

　（No.6）
　週に3回から5回は支援団体の活動に参加し、昼食は炊き出しの提供を受けている。他、コメを譲り受けたり、支援団体が提供するシャワーや理容サービスも利用したりしている。

　しかし逆にインフォーマルな関係への依存が収支を圧迫するケースもある。上述No.2の調査対象者は知人から借入もしている。

　（No.2）
　支援団体から現物での支援を受ける一方で、パチンコ・スロットなどのギャンブルで毎月多額を費消している（家計管理・節約を心がけてはいるが、ストレスがたまると使ってしまう、とのこと）。知人から借り入れして凌ぐが高利を要求されている（2割〜3割）。それ以降、（記録漏れの部分もあると考えられるが）食費の支出が極端に減少し（月5,698円〜月513円）、生活に困窮している様子がみられる。

（2）金銭的ショックの吸収力の欠如とその影響

　第二に、「金銭的ショックの吸収力」の有無とその影響についてである。上述のように多くの調査対象者世帯において、現預金が半月分の収入にも満たない。これはこうした世帯においてもしもの時の金銭的ショックの吸収力がほとんどないことを示している。現預金がなくても、もしもの時に支援してくれる親族がいれば緊急時に対応できる場合もある。しかし、調査対象世帯において親族関係が疎遠になっている（もしくは緊急時の借入のせいで疎遠になってしま

った）ケースがあり、とくに生活保護受給世帯に多いことが確認された。

（No.1）

生活保護で受給額は比較的安定しているが、自己破産歴あり、銀行借入や
カードローンも利用できない。両親・親族とは自己破産のときに絶縁状態
になっており、もしものとき頼ることはできない。

（No.2）

生活保護により収入は安定しているが、ギャンブルの影響で手持ち資金は
ほぼない。すでに両親は他界し兄弟とも連絡を取っておらず親族とは疎遠
で頼ることができない。

（No.7）

元は息子と二人暮らしの母子世帯であった。浪費のため消費者金融から多
額の借り入れし、息子の預金も使い込みした。その後自己破産し、息子と
世帯分離し生活保護を受給し始め、その後現預金は増加傾向にある。息子
との交流はあるが過去に息子の預金を使い込みしていた経緯もあり、息子
に対して負い目を持っている。金銭的な支援は受けていない。

（No.11）

調査開始時点からほぼ現預金がなく、現預金が十分にない状態での保護廃
止になったことが推察される。そのためアルバイトの退職・転職に伴う収
入の変動に対応することが困難で、主に家賃滞納で凌いでいる様子で、今
後各種滞納分の一括請求など、さらなる金銭的ショックに見舞われる可能
性が高い状態である。通学する専門学校の入学金は分割払いにしている
が、その際の保証人の関係で親族との関係が悪化したままの状態で、親族
に頼れる状態でもない。

また今回の調査で「金銭的ショックの吸収力」の欠如から「日々の資金繰り
のコントロール」の欠如又はその悪化につながったケースも散見された。たと

えば、急遽引っ越しが必要になったため、廃棄物・不用品の処分費やアパート修繕費の支払いが必要になり、その負担もあって資金繰りに窮してしまったケースがある。

（No.5）
　両親は幼い時に離婚し、その後は父側と生活。父はパチンコ依存症で生活に困窮した。父の死後は消費者金融からの借入で生活していたが返済できず、調査時点では自己破産申請中である（調査時に消費者金融借入の返済は無い）。調査開始前年より生活保護を受給している。調査期間中に元々住んでいたアパートの家賃が生活保護基準を上回るとのことで引っ越しをした。しかし引っ越しの際に住んでいたアパートが調査対象者曰く「ゴミ屋敷同然の状態」だったために、廃棄物処理費・不用品処分費や、アパート修繕費（12回分割）の支払いの必要が発生した。そのため家賃や各種公共料金の支払いが遅延することになった。未払家賃について、分割払いを家主に依頼しているが、約束不履行を繰り返しているため、信用を失い了解を得るのが困難になっている。こうした中携帯電話のゲームに熱中し、課金額が月3万円にのぼる。携帯電話の未払いが多く、何度も携帯電話の使用が差し止めされている。しかし勤務先から携帯電話が使えないと仕事に支障をきたすと指摘され、未払い分を一括で払う。しかしそのため結果として生活費の不足に拍車をかけている。食費分も十分に手元に残せず、フードバンクや知人からの食料で凌ぐ状態である。

　他にも、既出のNo.9は、親族の他界で帰省費用が嵩んで借入が急増し、これまでのキャッシングも積み重なって返済が不能になってしまったケースである。また同じく既出のNo.11は、就労が安定せず、加えて十分な現預金が無いまま生活保護が廃止されたため、収入が少ない月のバッファーがなく家賃滞納を繰り返しているケースである。

（3）「選択の自由のための金銭的裏付け」の欠如
　第三に現在や将来のための「選択の自由のための金銭的裏付け」の有無であ

る。「日々の資金繰りのコントロール」や「金銭的ショックの吸収力」がほとんど無い状態で、「選択の自由のための金銭的裏付け」を確保することが非常に難しいことは想像に難くない。しかしそうしたなかでも、友人や支援団体を通じて旅行代金を積み立てたり（No.3）、自分の夢のために専門学校に通ったり（No.11）、家族旅行をしたり（No.12）、子どもの課外活動を金銭面でサポートしたりしているケースが確認された（No.14）。とはいえこうした行動による支出増加が「日々の資金繰り」や「金銭的ショックの吸収力」に悪影響を及ぼしていることも見逃せない。また、学費未納で子どもの教育機会が失われてしまうなど、子どもと家族の将来計画が実現不可能な状態に追い込まれているケース（No.13）も確認された。

（No.3）
友人と積み立てをして旅行に出かけることがある。ただし積み立てを忘れていたためその友人に立替してもらい、後日返済した。

（No.11）
文筆業で生計を立てる希望あり。月5,000円の学費を支払って専門学校に通っていた。しかし調査後半は家計困難の影響で、学費の支払いが途絶し、以前は時折書いていた作品制作も途絶している。

（No.12）
調査期間中においては、年末の帰省や中学生の子どもの学用品・制服代の出費、家族旅行代などの急な出費への対応力はある。しかし夫が就労困難になってから、現預金は急減していると推察され、金銭的ショックの吸収力は大きく低下しており、今後同様の出費を続けることは厳しい。

（No.14）
子どもが少年野球に参加しており、調査対象者夫婦としても支援しているが、遠征代・道具代などが嵩んでおり、家計を圧迫している。

（No.13）
　子どもは大学に通っていたが、学費未納で学籍を抹消されている。

5　金融排除と社会保障給付制度の欠陥

　第4節を踏まえて低所得者に対する適切な金融サービスの欠如を指摘することができる。「日々の資金繰りのコントロール」が難しくなっている背景として、低所得者の変動する収支を平準化する金融サービスの欠如がある。支出が収入を上回る月に利用できる適切な金融サービスがあれば、高利のキャッシングやリボ払いの利用を回避できたり、家賃・公共料金滞納や食事のカットを回避できたりしたケースもあるように思える。キャッシング・リボ払いによる負債の蓄積は後々に家計を圧迫する要因になっている。また家賃滞納は結果として住居を失うリスクを高めているし、公共料金滞納や食事のカットは健康面への重大な悪影響が懸念される。

　「金銭的ショックの吸収」を可能にする金融サービスも同様に不足している。こうしたサービスがあれば、キャッシングや、知人からの高利借入などをせずに済んだケース、過度に食費などの生活費を削らなくても済んだケース、親族関係をこじらせずに済んだのではないかと思われるケースもあった。またたとえばNo.5のような処分費や修繕費の支払いを求められたケースでは、より長期の分割払いを可能にする金融サービスがあれば、ここまで調査対象世帯の資金繰りが悪化し、極度に生活困窮する必要がなかったのではないか、と思われる。

　「選択の自由のための金銭的裏付け」に対応する金融サービスも不足している。とくに、自身や子どもの教育や将来のために必要となる支出について、こうした需要に対応する金融サービスが必要である。子どもの成人後まで、課外活動費や大学学費の返済を待つような、そして外国人にもわかりやすく利用可能な長期貸付制度も必要であろう。

　もちろんこうした金融サービスは、収入が不安定な低所得者にとって利用可能なものでなくてはならない。筆者も以前より指摘しているが、借手の状況の変更や財産の状況に配慮した金融サービスでなければ、（所得が低いだけでな

く）収支が不安定で金銭的ショックの吸収力の低い低所得世帯の生活を一層悪化させる恐れがある（角崎 2016）。

　本章の調査では、低所得者向け金融サービスの欠如だけでなく、生活保障に資するはずの現行の社会保障関係の給付方式自体が、低所得世帯の収支の不安定を引き起こす要因にもなっていることも確認できた。本章で確認した事例で言えば、年金の隔月支給である。こうした社会保障給付方法の問題は、すでに児童扶養手当等の「まとめ支給」の問題点として指摘されていることである（藤原 2015など）が、ここで改めて確認できたといえよう。

　生活保護受給者であっても資金収支マイナス時のバッファーとなる一定以上の現預金が必要であることも今回の調査から明らかになっている。また保護廃止になる時点で現預金の蓄積が少なかったために、その後早々に資金繰りが困難になったケースがあった。こうした問題の発生を防ぐために、保護廃止になったケースの長期的なモニタリングに加え、現預金の保持を生活保護の実施機関が積極的に認めていく必要があることも確認しておきたい。

　また今回の調査対象者世帯のなかに、精神障害・発達障害を抱えているケースや、障害の認定はないが明らかに家計管理能力が欠如している場合もあった。そうした家計に対する適切な相談支援体制について、現状ではやはり不足しているように思われる。また日本語が不得手な外国人にとって、日本語での契約条件や支払督促の文書が難しすぎたり複雑だったりするために、十分に金利条件や支払遅延のペナルティが認識されていないという点も問題である。誰にとってもわかりやすい契約条件や、外国人に対する日本語読解面でのサポートなども必要である。

　以上のように、金融ウェルビーイングの欠如は、金融サービスの欠如だけでなく、適切な社会保障制度の欠如からももたらされることも確認し、金融ウェルビーイングのための社会保障給付制度改革も必要であることを強調しておきたい。

おわりに

　本章では、低所得世帯の家計を、ファイナンシャル・ダイアリーといった方

法で各1年間にわたって調査した。そして本章は、低所得者世帯の家計が、金融ウェルビーイングが欠如している状況にあることや、適切な金融サービスから排除されていることを明らかにした。そして低所得者世帯の金融ウェルビーイングの欠如の背景の一つに社会保障給付の不備もあることを確認した。

とはいえ課題も残る。本調査のサンプルは14件と少ない。とくに今回は年金や生活保護などの社会保障給付で生活している世帯の割合が多く、一方で母子家庭については調査できなかった[11]。そういう意味では本章の結論は、金融ウェルビーイングの欠如と金融排除の問題の一端を明らかにしたに過ぎない。

本調査以降に発生した2020年のコロナウイルス感染症の拡大は、全国的な経済活動の縮小をもたらし、労働者や自営業者の収入を減少させたり、収入をさらに不安定なものにしたりしている。経済活動の縮小による収入の減少・不安定化は、普段でさえ日々の資金繰りが厳しく、金銭的ショックの吸収力の無い家計に、深刻な影響を与える。政府は低所者向け貸付制度である生活福祉資金貸付の特例貸付を実施し、労働金庫による申込受付も進められているが、申込件数の急拡大に十分な対応ができてない状況である。今後、低所得者世帯の収入の向上だけでなく、収入の安定化や、緊急時の金銭的ショックを吸収する金融サービスが普及するための方策が、いっそう求められることになるだろう。

こうした状況も踏まえて、今後より幅広い属性の家計を継続的に調査していくことで、低所得者の金融ウェルビーイングと金融排除の実態の、より包括的な把握に取り組む必要がある。

注

1 本節は角崎（2019）3節（1）と一部重複する箇所がある。

2 本節は社会政策学会第137回大会自由論題報告原稿（小関・角崎 2018）の小関隆志執筆分に加筆修正したものである。

3 ファイナンシャル・ダイアリー調査が実施された経緯やその詳しい内容については、第Ⅲ部資料編の解説を確認されたい。

4 「疎遠」は親族と長く連絡が取れていない状態、「支援受けず」は疎遠ではないが金銭などの支援を受けていない状態を指す。

5 No.6については年代のみ把握している。

6 月収については、当月分の収入が土日祝日の関係で翌月払いになった場合は、当月分の収入とし

た。
7　配偶者名義含む。
8　調査対象者の事業収入と配偶者の給与収入の合計。調査対象者の事業収入は 2017 年度確定申告書より計算したもの。
9　事業による売上と家計収入が混在しており実態を示していない可能性がある。
10　同上。
11　母子世帯の金融排除の実態については、母子生活支援施設利用者の金融排除を扱った第 3 章を参照されたい。

参考文献

角崎洋平（2016）「借りて生きる福祉の構想」後藤玲子編『福祉＋ α（正義）』ミネルヴァ書房。
――――（2019）「なぜ生協が生活相談・貸付事業に取り組むのか――低所得者・生活困窮者等の金融福祉の観点から」『生活協同組合研究』519 号：12-19。
――――（2020）「低所得者世帯の金融排除と金融ウェルビーイング――ファイナンシャル・ダイアリー調査に基づく分析と考察」『大原社会問題研究所雑誌』738 号：19-36。
小関隆志・角崎洋平（2018）「低所得世帯の家計分析に基づく金融排除の研究」（社会政策学会第 137 回大会自由論題報告）。
藤原千沙（2015）「児童扶養手当の支給期月と母子世帯の家計――年 3 回の手当支給で所得保障機能は十分に果たせるか」原伸子・岩田美香・宮島喬編『現代社会と子どもの貧困――福祉・労働の視点から』大月書店。
Consumer Financial Protection Bureau（CFPB）（2015）Financial Well-being : The Goal of Financial Education.（https://files.consumerfinance.gov/f/201501_cfpb_report_financial-well-being.pdf）
――――（2017）Financial Well-being in America.（https://files.consumerfinance.gov/f/documents/201709_cfpb_financial-well-being-in-America.pdf）
Gloukoviezoff, Georges（2011）*Understanding and Combating Financial Exclusion and Overindebtedness in Ireland: A European Perspective*, The Policy Institute.

コラム3

CFPBと金融ウェルビーイングの調査

　第2章でとりあげた「金融ウェルビーイング」指標を開発したCFPBは、リーマン・ショック後に抜本的な消費者保護のための金融規制強化策として成立した「ドッド・フランク・ウォールストリート改革及び消費者保護法」（ドッド・フランク法）に基づき、金融サービスにおける消費者保護を目的として2011年に設立されたアメリカの政府機関である。第2章ではこの金融ウェルビーイン指標を参照点にして、ファイナンシャル・ダイアリー調査結果を分析したが、CFPB自身も2017年には、金融ウェルビーイング指標をスコア化（0〜100）し、それに基づく全国調査を実施している（CFPB 2017）。

　この調査では以下のことが明らかになっている。たとえば、金融ウェルビーイングスコアの平均値および中央値（ともに54）から20ポイント以上下位のグループにおいて，顕著な生活困難がみられている。具体的にはそうした調査対象者の多くで，収支の範囲内で生活を回していくことに困難を抱えており，そうした多くの者が調査日1年以内に物質的困難を経験している。また、失業中であったり、所得が低かったりした場合だけでなく、貯蓄が少なかったり、収入の変動が大きい場合にも、金融ウェルビーイングスコアが低くなっている。さらに過去の金融サービスの利用履歴や金融知識や金融スキルの有無も、金融ウェルビーイングスコアに影響を与えている。

　この調査では、金融ウェルビーイングに影響を与える各要素間の関係については明らかになっておらず、何がそれに影響を与える決定的な要因になっているかは明らかにはされていない。しかし第2章の調査同様に、個人の金融ウェルビーイングの高低にさまざまな要素が関係していることが示唆されているといえよう。（角崎　洋平）

参考文献
CFPB（2017）Financial Well-being in America.（https://files.consumerfinance.gov/f/documents/201709_cfpb_financial-well-being-in-America.pdf）

第3章

母子生活支援施設における
家計相談支援の可能性
——金融排除の視点から

佐藤　順子

1　母子生活支援施設と家計管理

　母子生活支援施設は、原則として18歳未満の子どもを養育する母親と子どもがともに生活する入所型の施設である。また、2004年に改正された配偶者からの暴力の防止及び被害者の保護に関する法律では、Domestic Violence（以下、DVと称する）の被害者・児童を保護する施設として位置付けられている。

　「平成26年度母子生活支援施設実態調査結果」（社会福祉法人全国社会福祉協議会・全国母子生活支援施設協議会）によると、母子生活支援施設への入所理由の内、最も多いのは夫などの暴力（DV）が54.0％で、次いで経済事情が49.9％、住宅事情が48.0％（複数回答）と続いており、これらの問題の重複する入所者が多くを占めている。さらに、入所者からの相談内容の内、最も多いのは就労課題が75.6％で、次いで経済的課題が67.4％であった（複数回答）。このことは、離別後の生活を始める時点で入所者がすでに生活困難な状態に陥っていることを示している。

　このような生活困難を抱える入所者の背景には、DVの被害に遭うこと、借金を背負うこと、元夫の子どもに対する養育費の不払い、就労環境の厳しさ、低賃金の労働に就くことを余儀なくされることなどがある。さらには、児童手

当や児童扶養手当などのまとめ払いや生活保護費の翌月以降の調整などによる家計収入の非平準化に起因する家計管理の難しさも挙げられよう（佐藤2020）。〔コラム8参照〕

　では、入所者に対してどのような家計相談支援の方針が立てられているだろうか。『母子生活支援施設運営ハンドブック』（厚生労働省雇用機会均等・児童家庭局家庭福祉課 2014：56）には、「健康管理・家計管理について」次のように述べられている。

　　「金銭の管理については、その方法や内容によっては権利侵害となる恐れが高いということを意識する必要があります。金銭の自己管理が苦手な母親が希望している等のやむを得ない場合に限り、金銭管理支援を行います。その場合も、管理についての内容を具体的にわかりやすく説明し、その内容を明文化した書面を作成することが望まれます。必要以上に支出や使途を制限・コントロールしたり、支出内容が母親の希望とかけ離れたものにならないよう十分な配慮が必要です」（下線部は筆者による）

　このように、やむを得ない場合に限り金銭管理支援を行うことが求められている。しかし、家計相談支援を金銭管理という限定的な側面で捉えることの是非について入所者に対する家計相談支援のあり方の観点から問い返す必要があるのではないか。なぜなら、金銭管理は家計相談支援の一端を担うものに過ぎないからである。

2　家計相談支援事業の導入

　日本において家計相談支援が相談支援活動の一つとして法的に位置付けられたのは、2015年に生活困窮者自立支援法が施行されて、任意事業として家計相談支援事業が含まれたことを契機とする。2018年に改正された同法では、対象となる生活困窮者を就労の状況、心身の状況や地域社会との関係性その他の事情により、現に経済的に困窮し、最低限度の生活を維持することができなくなるおそれのある者（同法第3条）としている。また、家計改善支援事業と

は、家計に関する問題に対して生活困窮者からの相談に応じ、必要な情報の提供及び助言を行い、併せて支出の節約に関する指導その他家計に関する継続的な指導及び生活に必要な資金の貸付の斡旋を行うとしている。2018年10月には家計相談支援事業は家計改善支援事業と改称され、全国の自治体での実施が努力義務化され、2019年3月には家計に関する課題を抱えている生活保護受給世帯で、家計改善支援を希望する世帯に対して家計改善支援が実施されることとなった。

　このように、家計相談支援の取り組みが拡がる中で母子生活支援施設入所者に対する家計相談支援はどのようになされているかを明らかにすることは不可欠である。

　小関は、「生活困窮者自立支援は、所得保障だけでなく、就労や住宅、教育などの社会的包摂を多面的に含めているが、多様なメニューの一つに『家計改善支援事業』も含まれており、この事業は金融の社会的包摂（金融包摂）の一つに位置づけられる」（小関 2020a）としている。

　では、金融包摂に対して金融排除とはどのような状態を指すだろうか。Gloukoviezoffは、金融排除を社会的排除と深く関わっているものと捉え、金融排除がもたらす社会的影響を重視し、さらには金融排除に至る過程に着目して、「金融排除の過程は、金融へのアクセスや使用の困難に直面した人々が所属する社会において『当たり前の生活』を営めなくなる過程のことである」と定義している（Gloukoviezoff 2011）。

　なかでも、家族や親族などの私的ネットワークによる支援に頼ることが困難な母子生活支援施設入所者にとって、金融から排除されることは「当たり前の生活」を営むことを阻害する原因となる可能性が高い。

　本章は、社会福祉法人全国社会福祉協議会・全国母子生活支援施設協議会の協力を得て、会員母子生活支援施設に対してアンケート調査を実施し、入所者に対してどのような家計相談支援を行っているのか、また、家計相談支援に際して職員はどのような点を困難と感じているかなどを明らかにし、母子生活支援施設における今後の家計相談支援の展開を検討することを目的としている。

3　先行研究

　母子生活支援施設入所者の抱える困難と支援のあり方について明らかにした調査研究を概観すると、一つは入所者について、もう一つは職員による支援についての調査研究に大別される。

　中澤らは、2015年に北海道内の10,の母子生活支援施設入所者を対象に「母親の現況」、「就労」、「家計」、「貯金」、「借金」などの詳細な項目からなるアンケート調査を行っている（中澤・鳥山 2016）。なかでも「家計の状況」との関連では、年収200万円未満が68.8％、200万円から300万円未満が20.1％であった。支出（やりくり）については、「支払いの遅れやお金を借りることはない」が52.1％と半数を超えているものの、「公共料金・税金・保険料の支払いを遅らせる」が16.0％、「クレジットカードの支払いを遅らせる」が4.2％、「クレジットカードのキャッシングを使う」が3.5％で、そもそも「お金を借りるところがない」とする人も16.0％あった。さらに、「もっとも悩んでいるもの」について尋ねた結果、「経済的なこと」が27.1％、次いで「自分の将来のこと」が18.8％、「仕事のこと」が15.3％と続いている。この調査結果からは入所者の7割近くが年収200万円未満であること、租税公課などの支払いの遅延などによってやりくりをした経験を持つこと、「お金を借りるところがない」と考えていることが明らかにされた。

　一方、我謝（2015）は、母子生活支援施設職員に対するグループインタビュー調査を実施した結果、母子生活支援施設においてソーシャルワークによる支援を可能とするためには、支援者が専門的対人援助スキルを獲得することと同時に、支援者へのサポートを行う体制を整えることが課題としている。

　また、増井らは、母子生活支援施設をはじめ婦人相談所・婦人保護施設などの職員に対するアンケート調査結果から女性を保護・支援する施設のレジデンシャル・ソーシャルワークは次の2点を踏まえていることが必要とした（増井他 2019）。1点目は、母子生活支援施設の持つ支援対応力の向上であり、2点目は、入所中の他機関との協働に加えて、入所者が退所する時に他機関に支援をつなぎ、その後も地域において支援が継続するという重層的な連携である。

　さらに、外国籍のDV被害者に対して、2008年「DV事案にかかる措置要領」（法務省入国管理局通達）が発出されたことから、配偶者からの暴力の防止及び被害者の保護等に関する法律（2001年施行、2019年最終改正）適用によって、被害者保護のために外国籍母子世帯の母子生活支援施設への入所が一般的になっていった。寺田は、母子生活支援施設における支援について、「外国人DV被害者に対しては、その文化的・社会的背景への配慮が不可欠であり、入所中の支援だけでなく、DVの背景や退所後の生活をも視野に入れた長期的な支援の展開が求められている」と述べている（寺田 2009）。このように、先行研究を通じて入所者の実態と職員による支援の課題が次第に明らかにされてきつつあると言えよう。

　しかしながら、入所者の困りごとや悩みとして「経済的なこと」が最も多く挙げられていることから、解決に繋がる支援のあり方とは何かについて検討することは不可欠である。ここで言う「経済的なこと」とは、就労収入・手当・生活保護費などの収入の面から日々の支出や預貯金などを管理することまで幅広い。

　本調査は、入所者にとっての「経済的なこと」を主に「家計に関すること」として捉えて母子生活支援施設における家計相談支援の実態と課題を明らかにすることをねらいとしている。

4　母子生活支援施設職員へのアンケート調査の概要

　調査対象は、社会福祉法人全国社会福祉協議会・全国母子生活支援施設協議会会員母子生活支援施設213箇所で、2019年6月14日に調査票を郵送、留め置きし、同年7月29日に回収を行った結果、134箇所から回答があった（回収率63.5％）。以下、調査結果を概観していきたい。

（1）母子生活支援施設の入所世帯数、在籍年数および職員数
《入所世帯数》

　一つの母子生活支援施設につき、入所世帯数は2世帯から40世帯とばらつきがあるが、平均で17.91世帯であった。また、20-29世帯がもっとも多く全体

の57.2％を占める。

《入所世帯の在籍年数》

　3年以上在籍している世帯の占める割合が高く、次いで2年から3年未満、6か月から1年未満と続いている（表3-1）。なお、短期入所であるサテライト事業を運営している母子生活支援施設の回答も含めている。

表3-1　入所世帯の平均在籍年数の分布

3か月未満	3か月～6か月	6か月～1年未満	1年から2年未満	2年～3年未満	3年以上
1.97世帯	1.58世帯	3.12世帯	2.43世帯	3.87世帯	4.35世帯

《職員数》

　職員数は平均12.61人で、内、常勤職員が9.11人、非常勤職員は3.91人であった。なお、非常勤職員には嘱託医を含めた回答も見られた。

（2）現に母子生活支援施設で行っている家計相談支援

　「入所者の家計相談に応じている」は98％、「いいえ」と回答したのは2％であった（図3-1）。ほとんどの母子生活支援施設で家計相談支援が実施されていることが伺える。

図3-1　入所者の家計相談に応じているか

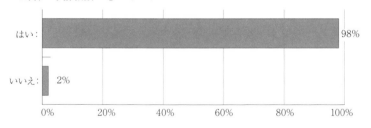

《家計相談支援の対象者》

　家計相談支援はどのような入所者に行われているか、大きく分けて、①入所者に知的障害などがある場合、②措置主体の福祉事務所に依頼された場合、③生活保護受給世帯の場合、④外国籍の母親の場合、⑤債務返済が必要な場合、⑥家計管理に困難さがある場合、⑦退所に備える必要がある場合に分類できる。なお、これらの場合が重複している記述も見られた。

①入所者に知的障害などがある場合

　「知的に低かったり、手帳を持っていたりする方」、「知的障害や精神疾患などがあり、金銭管理に難しさのある方」のように、知的障害などに起因した家計管理の困難な入所者の存在が伺える。この背景として、母子生活支援施設には療育手帳所持または知的障害の可能性のある母親は642人、精神保健福祉手帳所持または精神障害の可能性のある母親は45人入所していると報告されている（「平成28年度母子生活支援施設実態調査結果」）ことが挙げられるだろう。

②福祉事務所に依頼された場合

　「入所前の状況や本人の特性から、『支援が必要』と措置元の自治体（又は関係機関）が考える利用者」、「入所する前に福祉事務所から管理をして欲しいと依頼される方」のように、母子生活支援施設入所措置権者である福祉事務所の依頼によって家計相談支援が行われている場合があった。

③生活保護受給世帯の場合

　「生活保護を受給している方」、「生活保護費で1か月生活する上で、不足や貸付が必要（と）なる人」のように、生活保護受給世帯に対して意識的に家計相談支援が実施されている場合があった。

④外国籍の母親の場合

　「外国籍の母の世帯」、「外国籍のケース」のように、外国籍の母親に対する家計相談支援が行われている場合があった。

⑤債務返済が必要な場合

　「借金の返済がある母」、「浪費型で借金のあるケース」のように、入所時点で借金がある世帯に家計管理相談支援が行われている場合があった。

⑥家計管理に困難さがある場合

　「家計管理能力が低く1か月の予算でやりくりが難しかったり、見通しが持てず不必要な物を購入する」、「身の丈に合わない買い物をする方（買い物依存）。食費以外にお金を使う方」、「家計管理が難しく、貯蓄ができない方」、「ギャンブル・買物依存の母」のように、家計管理の困難な入所者への対応として家計相談支援が行われていた。

　なお、職員による対象者の選定には2通りの場合がある。一つは、金銭管理が苦手で相談支援を希望する場合である。もう一つは、基本的に入所している

全世帯が対象であったり、入所時の手持ち金が少ないなど職員の判断に基づく場合である。

⑦退所に備える場合

「退所（自立）を目指している世帯」、「退所に向けての貯蓄計画が必要な人」や「中高生を抱えている世帯」のように、退所後の生活を見通して家計相談支援を行っていることが伺える。

（3）入所者本人の預貯金を管理

「入所者本人の預貯金を管理している」と答えた母子生活支援施設は58％で、41％は「管理していない」と回答している（図3-2）。

入所者の預貯金の管理方法は、入所者本人と母子生活支援施設間で文書又は口頭で契約を取り交わし、通帳などを金庫で保管していることが共通している。

図3-2　入所者本人の預貯金を管理している

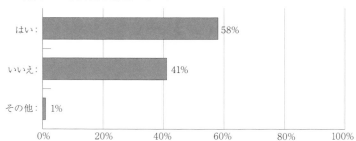

典型例として、「書面で利用者と契約を結び、出入りがある度に残高の確認を利用者と管理職で行う」、「自立支援計画を基に、自立資金として、預貯金の管理を希望している方に対して、現金預かりではなく、通帳やカードを預かる（施錠された金庫内にて）。それに伴い、金銭管理委託同意書を交わしている」という回答が挙げられる。

また、福祉事務所が介入する場合は、「利用者本人と福祉事務所、施設の三者で契約（当施設の書状）を結び、職員が利用者の金銭全般（現金・通帳・印かん・カード含む）を管理している」という事例があった。

（4）預貯金の支援の有無

　「預貯金の支援を行っている」は78％、「行っていない」の21％を大きく上回っている（図3-3）。

図3-3　預貯金の支援を行っている

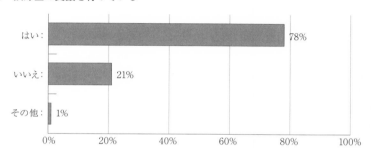

（5）預貯金の支援を行っている目的

　「預貯金の管理の目的」と「預貯金の形成の支援を行っている目的」が混在した自由回答となっているが、以下紹介していきたい。

　自由記述は、入所者の入所時・入所中・退所時という時系列に沿って、①自立支援計画への反映、②生活保護受給世帯に対する取り組み、③債務整理に向けた取り組み、④家計収入の平準化への支援の取り組み、⑤子育て・教育支援の取り組み、⑥退所に向けての取り組みに大きく分類することができる。もちろん、これらの取り組みの目的には重複するものはあるが、それぞれの段階において工夫された取り組みが行われていた。

《母子生活支援施設入所時》
①自立支援計画への反映

　前出の『母子生活支援施設運営ハンドブック』によると、「自立支援計画は、基本的にソーシャルワークを基盤とした考え方に基づいて展開されることが求められます」（95-97頁）とされ、実施すべきアセスメントの主な項目の一つに「職業と経済的状況」の項目が例示されている。

　本調査回答には、「半期毎の自立支援計画の中に貯金計画の項目があり、そ

れに応じた貯金を（母子生活支援施設の）事務所で管理している」、「自立支援面接で貯金について触れ、必要度に応じて貯金額の確認や通帳の預りを行う」という事例が見られ、入所者の自立支援計画や面談で預貯金形成の支援を明確に位置付けているところもあった。

《母子生活支援施設入所中》
②生活保護受給世帯に対する取り組み

　生活保護受給世帯に対する取り組みには、「生活保護を受給している方の場合、支給日に一緒にATMに行って保護費を全額下ろして頂き、施設の金庫で保護費をお預かりし、利用者の方と一緒に決めた生活費を毎週決まった曜日にお渡しし、出入金は記録簿に記録し、都度利用者の方のサインを頂いていた」、「生活保護を受けられる利用者は金銭管理を条件としている。利用者全世帯に、入所後、ある程度の期間、家計簿の提出、金銭管理を施設がすることを納得頂き、入所して頂いている」という具体的な管理方法が見られた。

③債務整理に向けての取り組み

　「入所後、請求書があちこちから届き債務整理をすることになった場合（それに近い場合も）、週一回食費として決まった金額を渡し、予備費を月額で決めてその範囲内で生活する」、「借金を返済するための預貯金支援を行っている」のように、入所者が債務を抱えていることを把握した場合、返済に向けた支援が行われていた。

④家計収入の平準化への支援

　「生活保護費、児童手当、児童扶養手当及び障害年金など受給日が異なるためバランス良く生活に反映させていく」、「児童手当、児童扶養手当が支給される時期に声かけをし、事前に本人が決めていた額の貯金を促す」というように、家計収入の平準化を意識した支援が行われていた。

⑤子育て・教育支援の取り組み

　「子どもへのプレゼント代、外出代も貯められる方もいます」、「子どもたちの進学費用としての預貯金を計画的にするように助言・確認をしている」のように、子どもにかかる費用の預貯金についても意識した支援が行われていた。

《母子生活支援施設退所時》

⑥退所に向けての取り組み

　「退所の際の居室の補修費や引越し費用、アパート等の契約料などに当てる目的で行っている。毎月最低2,000円から積立てられるようにしており、退所が決まるまで返金しない」、「母子生活支援施設は2〜3年で退所される方が多いので、入所後直ぐに引越し費用（30〜40万円）を貯められるように支援」や「退所後の自立に向けた貯蓄（入所中の部屋の修繕費含み）として個々に伝え、理解、承諾を得られた方のみ、生活支援申し出書に記入してから始めている」の記述が見られた。これらは退所後の生活を意識した取り組みと言えよう。

（6）生活福祉資金・母子寡婦貸付資金などの公的貸付の利用支援

　入所者が生活福祉資金や母子寡婦貸付資金などの公的な福祉貸付を利用する際の支援については、「はい」が81%、「いいえ」が19%で、公的な福祉貸付の活用を意識した取り組みが行われていることが伺える（図3-4）。

図3-4　公的貸付事業利用支援（事業の紹介や相談の同行など）の有無

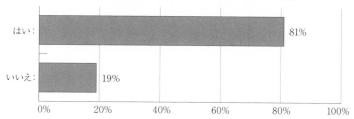

（7）銀行・郵便局・保険会社への同行など入所者の金融サービス利用支援

　入所者本人の金融サービス利用支援（銀行・郵便局・保険会社への同行は、79%が「はい」、21%が「いいえ」としている（図3-5）。

　公的な福祉貸付だけでなく、金融サービス利用支援もあわせて行われていることが伺える。

（8）母子生活支援施設と外部機関との連携

　90%の母子生活支援施設が福祉事務所や社会福祉協議会などの外部機関と連

図3-5 入所者の金融サービス利用支援（銀行・郵便局・保険会社への同行など）の有無

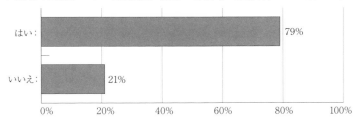

図3-6 福祉事務所や社会福祉協議会などとの連絡・調整の実施

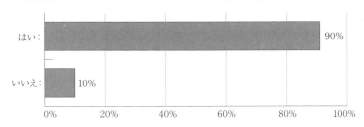

絡調整を行っていた（図3-6）。

　具体的には、①生活保護の新規申請について、②生活保護受給世帯に対して、③貸付相談について、④退所に向けた家計相談支援について、に分けられる。

①生活保護の新規申請について

　「施設に入所して生活困窮に陥った場合、理由によっては福祉事務所の保護課と連絡調整をして、必要により同行支援を行っている」、「生活保護受給が必要と判断した方には、市役所の担当者に直接連絡している」のように、入所者の経済的困窮に対して生活保護申請支援が行われていた。

②生活保護受給世帯に対して

　「自立支援計画にもとづき、福祉事務所と年1回施設で本人と面談を行っている。必要に応じて連絡を取り合っている」、「家計の自己管理ができない方が入所する際に、福祉事務所の担当者から施設職員による家計相談支援を受けることを勧めてもらい、予め利用者から了解を得てもらうようにする」や「生活

保護担当の方と連携し、退所に向けての面談に同席して頂き、金銭管理の提案や、貯金への促し、お金の使い方を指導してもらいます」と、福祉事務所との連携のもとで家計相談支援が行われている事例があった。

③公的福祉貸付相談について

「母子寡婦福祉資金、生活福祉資金、社協の緊急小口、修学資金や就学支度金などの利用について関係機関と連絡をとる。同行することもあります」、「資格取得などの時に福祉基金の申請のための同行」と、公的福祉貸付の活用についても支援がなされている。

④退所に向けた家計相談支援について

退所に向けてどのような家計相談支援が行われているかを尋ねたところ、「退所後に地域で生活することを考えて、社協の日常生活自立支援事業を活用し、退所後につなげる」、「社会福祉協議会あんしんサポートセンター（日常生活自立支援事業）と同席し、利用者と金銭仕訳、計画の立会いを実施する（月1〜2回）」と、社会福祉協議会の日常生活自立支援事業担当部署と連携を図る事例が見られた。

日常生活自立支援事業は、判断能力が不十分な認知症高齢者や障害のある人などで、本人だけでは日常生活に必要なサービスの利用を適切に行うことが困難であり、かつ事業の契約内容について判断能力を有する人を対象とする。同事業では利用者の生活状況の把握とともに、日常的な金銭管理として預貯金の払戻しや預け入れ手続などの日常生活費の管理等を行う。

母子生活支援施設では、退所後の家計相談支援の担い手として社会福祉協議会と連携を図り、日常生活自立支援事業の利用につなげる取り組みが見られた。

また、家計改善支援事業を利用する取り組みも見受けられる。具体的には、「家計管理が困難な方については、退所後、社会福祉協議会の家計改善支援事業を利用することもある」、「家計改善支援事業に参加した利用者に関して、施設での利用者の状況等を関係者で共有するため会議にて報告する」である。さらに、「知的障害で手帳を持っている世帯が退所する時は、後見人をつけることもあります。その時は市の障害支援課や社協の方々と連携して進めます」と、成年後見制度の利用を視野に入れた支援事例も挙げられている。

（9）　家計相談支援を行うための技能と知識の習得、研修の機会

　家計相談支援に関する職員研修が行われていると回答した母子生活支援施設は27％と、4分の1をわずかに上回る程度に過ぎず、主に職員の経験などに基づいて行われている（図3-7）。

図3-7　職員が家計相談支援を行うための知識や技能を身につける機会の有無

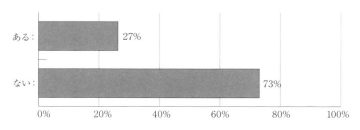

（10）　家計相談支援の知識や技能を身につける研修等の必要性

　93％の母子生活支援施設は家計相談支援についての職員研修等が必要と答えていた（図3-8）。

図3-8　家計相談支援の知識や技能を身につける研修等の必要性の有無

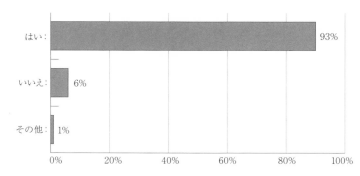

（11）　生活困窮者自立支援法に基づく家計改善支援事業

　家計改善支援事業を「知っている」母子生活支援施設は40％で、「知らない」と回答した60％を下回っている（図3-9）。

図3-9　家計改善支援事業の認知の有無

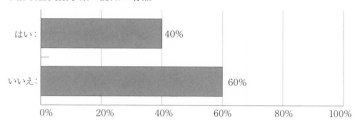

（12）　入所者の家計改善支援事業の利用

　家計改善支援事業を知っているが利用していないが91％、知っており利用しているは9％であった（図3-10）。

図3-10　入所者が家計改善支援事業を利用しているか

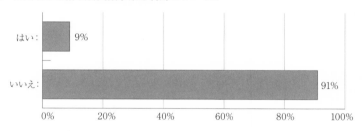

（13）　家計改善支援事業の入所者への紹介意向

　家計改善支援事業を入所者に紹介したいと答えた母子生活支援施設が82％、いいえと答えた母子生活支援施設が15％であった（図3-11）。

　最後に、入所者の家計管理の状況についての自由記述を紹介したい。記述内容は、①家計相談支援の意義と効果について、②職員による家計相談支援の困難さ、③家計相談支援をめぐる入所者と職員との関係性、④入所者の特性に応じた家計相談支援、⑤退所後の家計相談支援について、⑥職員に必要な家計相談支援の知識・技能について、に大きく分けられる。なお、下線部は筆者による。

図3-11　家計改善支援事業について、利用可能であれば紹介意向があるか

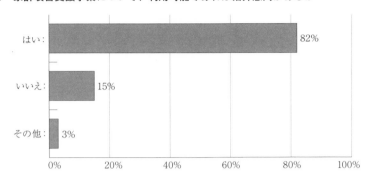

①家計相談支援の意義と効果

　「利用者のゆくゆくの生活を考えて、欠かせない支援だと思います」、「自立支援計画書の中に貯金欄を入れ、入所者の合意を得られているので、以前に比べ入所者自身の貯蓄意識も高まり、確実に実行できている」、「着々と貯金をされている方もいるので、その頑張りを共有できて嬉しい時もある」と、家計相談支援の重要性と効果についての認識が見られる。

②職員による家計相談支援の困難さ

　「金銭管理については、家計全般を管理できるとよいですが、同意をとるのも難しく、思うように入り込めないのが現状です」、「利用者によっては、お金が自由に使えない不満も言われる」、「家庭生活において家計の維持はとても重要ですが、その意識のない利用者に働きかけをしていくことはとても難しいと感じています。時には信頼関係を損なう可能性もあります」や「施設側や福祉事務所と一緒に考えましょうということには『自分でします』と、家計のことに支援、介入されることは、好まない方も実際多い」との記述が見られた。職員による家計相談支援が「介入」と捉えられることで、職員は入所者との信頼関係を損ねるのではないかという危惧を持っている。

③家計相談支援をめぐる入所者と職員との関係性

　「出金時のやり取りで攻撃性を出してくる方もいるので、職員の精神的な負担も大きい」、「母からは毎月、職員からお金をとられていると言われ、担当職員と母との信頼関係は崩れ恨まれた」や「結局は本人のお金であるので出さな

いわけにはいかないし、出してくれない職員が悪いと入所者の方が思われる……」と記述されているように、職員の精神的負担などについて訴えがあった。

④入所者の特性に応じた支援

前述したとおり、母子生活支援施設には知的障害や精神障害などを持つ母親も入所しており、特性に応じた支援事例が見られる。

「生育歴において規則正しい生活習慣が無かった方や知的障害を抱える方は将来を見越して計画的に貯金することが大変むずかしく思われます」という困難さの一方で、「知的面で障害や理解力が低い方にとっては、仕分け、貯金を一緒に行う事で確実に退所のお金を貯めれる（原文のまま）。」という特性に応じた支援成功事例もみられる。

また、依存症などのある入所者については、「ギャンブル・買物依存である利用者への金銭管理が順調に行かず、退所が難しい」、「パチスロ依存といった専門的な支援が必要な利用者に関しては、様々な機関が協働してとり組む形が必要であろう」や「ギャンブル依存や買い物依存のケースについては、精神面での支援が伴い、かなり困難でゴールが見えないことが多い。相談できる機関があれば知りたい」など、家計相談支援において対象者の特性に応じた専門的支援の必要性を訴える記述も見られた。

債務のある入所者については、「入所当初は、借金をかかえていた方も、家計管理を相互納得の上、進める事で、確実に貯金をし退所へ向けての資金を作ることができた」という支援成功事例もある一方で、「なかなか変われない方も多いので、金銭管理中に予定の額で生活できず、職員にも言いにくいとこっそり別でお金を借りてくる」と、入所者と職員との関係性ゆえの困難さも見られた。

⑤退所後の家計相談支援

「退所後に継続して家計管理をご自身ができるかどうか、継続した支援も受けられると良い方もいる」、「サポートがないと家計管理ができないお母さん達が多く暮らしています。施設利用は一定期間であるため退所後も見越したサポート体制が組めるようなしくみがあるとよいと感じます」のように、家計相談支援が入所中だけでなく、退所後も必要であるという認識を示す記述があった。

　また、「退所後の支援として活用できるものが少ない。あんしんサポート（日常生活自立支援事業）もあるが、順番待ちの状況であったり、利用者自身支援内容が理解しにくく、『お金を自由に使えなくなる』という思いや手続が面倒というところから拒否されてしまう為、利用しやすく、金銭管理と見守りを行ってもらえるサービスが増えて欲しい」、「家計に関しては継続的、長期的な支援が必要。家計改善支援事業の事は知らなかったので必要な方にはすすめたい」と、退所後の受け皿となる外部相談支援機関を模索する記述もあった。

⑥職員に必要な家計相談支援の知識・技能について

　「職員の経験やスキルによって支援の質が変わってくることを痛感しており、経験の少ない職員に家計支援のノウハウやポイントを伝えることにも難しさを感じています」、「職員も利用者の方に家計管理を行うことへの動機付けができるように、スキルアップをする必要があると感じています」、「金銭管理の方法はケースごとに異なるが、その手法や効果についての研修等があまりなく、必要性を感じている」と、現在行われている家計相談支援は個々の職員の経験やスキルに依存していること、そして研修を実施することの必要性を訴える記述があった。

5　調査結果からみえてきたもの

　母子生活支援施設職員の生涯研修体系検討報告書『母子生活支援施設の研修体系～ひとり親家庭を支える人材の育成指針～』（社会福祉法人全国社会福祉協議会・全国母子生活支援施設協議会、2017年）によると、母子生活支援施設職員の行う支援は次のように定義されている。

　「母子生活支援施設の支援内容の中心にあるのが日常支援です。これは、日々の生活支援で、家事援助（掃除、買い物、食事の準備等々）、登校（園）支援、生活費の管理、服薬の管理、保育（通常・補完・夜間・病後児）、学童保育、勉強・宿題・時間割、役所手続き同行、子どもの送迎、学校や保育園との連絡調整・関係調整など非常に多岐にわたり、利用者の日常生活を支えています」（7頁）。（下線部は筆者による）

　このように、職員の行う支援は日常生活の幅広い内容を含んでおり、生活費の管理もその支援に含まれている。本調査結果から、多くの母子生活支援施設では生活費の管理だけでなく、家計収支に目を配り退所後を見通した預貯金形成などを支援している。

　しかし、職員が入所者の生活費の管理や家計の管理を担うことによって、入所者との信頼関係を損なうのではないかという危惧も持たれている。さらに、職員は家計相談支援についての体系的な研修を受けておらず、経験に依拠した支援を行っており、研修への要望も見られる。

　入所者に対して、金融包摂の視点から入所時・入所中・退所時そして退所後と続く切れ目のない家計相談支援体制を築くことは不可欠である。そのためには外部機関である家計改善支援事業を援用することが一つの方策となり得るだろう。

　では、家計改善支援事業にはどのような効果があるか。行岡は、次の4点をその効果として挙げている。1点目は生活者の現状を本人自身が把握できること、2点目は支援者からも相談者の状況、家族も含め周りの様子・関係性がみえること、3点目は収入が増やせない場合は、支出の範囲を具体的な数字で把握できること、4点目は借金、滞納の問題には家計表とキャッシュフロー表が役に立ち、返済額や終了目標が定まり、将来がみえて生活の不安が希望につながることである（行岡 2018）。

　そして、入所者の希望と状況を見極めた上で家計改善支援事業から日常生活自立支援事業、さらには成年後見制度の利用などに結びつけていくことで、経済的社会的に困難な状況にさらされやすい入所者に対する長期的な視点に立った家計相談支援が可能になると考える。

6　金融排除と母子生活支援施設入所者への家計相談支援

　小関は、「日本において金融排除・金融包摂という視点から問題を見出し、対策を講じることの意味は、これまで別々に論じられてきた個別の問題や対策（多重債務、福祉貸付、生活保護、生活困窮者自立支援、奨学金など）を金融という共通の軸で包括的に捉えるとともに、失業やホームレスなど他の社会的排除

との関連を視野に入れて、金融排除を動態的に把握し、より普遍的な対策を設計できるようになる」と指摘している（小関 2020b）。

　低収入、預貯金の少なさや家計のコントロールの喪失など、一見すると個々の家計の問題に思えることも金融排除層の抱える課題として捉えることは母子生活支援施設入所者という金融排除層に対する有効なアプローチを検討するきっかけとなるだろう。もちろん、家計相談支援のみが有効なアプローチとは言えない。野田が指摘するように、「社会的不利を抱える人々が当該（筆者注・金融）リテラシーを獲得・実現するための前提的な基盤となる生活保障の機会が等閑視されないように注意すべき」（野田 2020）である。

　さいごに、本調査の自由記述に「いわゆる必要最低限の生活費の中から、貯蓄を促して行くことが前提になっている」という意見があった。生活保護基準で生活することを求めながらも、預貯金の形成を支援することに矛盾はないだろうか。2018年10月以降、段階的に生活保護基準の引き下げが図られ、母子加算も減額されている。家計相談支援が奏効するためには、家計を支える基盤としての手当と生活保護基準の拡充が求められる。

＊アンケート調査にご協力くださった社会福祉法人全国社会福祉協議会・全国母子生活支援施設協議会ならびに母子生活支援施設職員の皆様に深謝致します。
＊本章は、科研費18K02178の成果の一部である。

参考文献

我謝美佐子（2015）「母子生活支援施設における支援の実態と期待されるソーシャルワーク——支援者へのグループインタビューを通して—」『聖徳大学研究紀要』第 26 号：85-92。

厚生労働省雇用機会均等・児童家庭局家庭福祉課（2014）『母子生活支援施設運営ハンドブック』。

小関隆志（2020a）「特集にあたって」『大原社会問題研究所雑誌』第 738 号：1-2。

小関隆志（2020b）「世界と日本の金融排除・金融包摂の動向」『大原社会問題研究所雑誌』第 738 号：3-18。

佐藤順子（2020）「母子生活支援施設利用者にみる金融排除」『大原社会問題研究所雑誌』第 738 号：37-51。

社会福祉法人全国社会福祉協議会・全国母子生活支援施設協議会（2015）「平成 26 年度母子生活支援施設実態調査結果」。

社会福祉法人全国社会福祉協議会・全国母子生活支援施設協議会（2017）「平成 28 年度全国母子生活支援施設実態調査結果」。

社会福祉法人全国社会福祉協議会・全国母子生活支援施設協議会（2017）『母子生活支援施設の研修体系～ひとり親家庭を支える人材の育成指針～』。

寺田貴美代（2009）「外国人 DV 被害者に対するソーシャルワーク　実践に関する考察」『ソーシャルワーク研究』35 巻 3 号：198-204。

中澤香織・鳥山まどか（2016）「調査報告：北海道の母子生活支援施設の現状」『教育福祉研究』（北海道大学大学院教育学研究院・教育福祉論研究グループ）第 21 号：108-140。

野田博也（2020）「最低限身に付けるべき金融リテラシー」『大原社会問題研究所雑誌』第 738 号：38-52。

増井香名子・岩本華子・山中京子（2019）「女性を保護する入所施設に対する利用者調査からみる施設の特性：レジデンシャル・ソーシャルワークの検討をめざして」『社會問題研究』（大阪府立大学）68 号：23-37。

行岡みち子（2018）「背景と相談者の実態――グリーンコープの実践から」埋橋孝文・同志社大学社会福祉教育・研究支援センター編『貧困と生活困窮者支援――ソーシャルワークの新展開』法律文化社。

Gloukoviezoff,Georges（2011）*Understanding and Combating Financial Exclusion and Overindebtedness in Ireland: An European Perspective, Studies in Public Policy*, 26, The Policy Institute, Ireland.

コラム4

フランスにおける家庭経済ソーシャルワーカーの実践

　日本では個々の世帯の家計の問題はプライベートな問題として捉えられ、家計管理は世帯員による自律に委ねられている。しかし、2015年に生活困窮者自立支援法に基づく家計改善支援事業（当初は家計相談支援事業）が開始され、債務問題、税金や公共料金延滞の解決や公的貸付資金等の利用によって家計状況の改善を目指すだけでなく、将来に向けた家計相談支援を相談支援員が担っている。ただし、相談支援員の養成は各自治体の実施する研修に依存している状況にある。一方、フランスにおける家庭経済ソーシャルワーカー（Le conseiller en économie sociale familiale）は、生活困窮者に対して債務調停、住居確保、失業問題などの支援活動を行い、クライアントとの協働作業によって介入を行う国家資格者である。

　家庭経済ソーシャルワーカーの基盤は当初は家政学にあり、家庭生活を送るための知識・技能が家庭科教育に組み入れられた。後に、家庭科教育は社会での有用性が認識されていく。1973年には家庭経済ソーシャルワーカーが国家資格として成立し、社会福祉的介入を基盤とした実践活動が広く社会に浸透し、職としての地位を築いていった。家庭経済ソーシャルワーカーは、社会福祉研究所の養成課程で学んだ後に国家試験合格をもって資格を得る。2017年時点でフランス全土に約10,000人おり、職場は県の社会福祉課、市町村の福祉事業センター、低家賃住宅公団、医療機関など幅広い。

　家庭経済ソーシャルワーカーは、債務者の家計や債務の状況を聴き取り、必要書類を作成して多重債務委員会に提出するという役割を担っている。また、UDAF（Union départementale des associations familiales）に配置されている場合、家族手当が家族間、特に児童に対して適正に支出されているか助言を行う。日本における家計改善支援事業相談支援員の役割が今後どのような展開を見せるか、注目していきたい。（佐藤　順子）

第4章

社会的不利を抱える人々の金融ケイパビリティに関する論点
——「最低限身に付けるべき金融リテラシー」に着目して

野田　博也

はじめに

　金融ケイパビリティ（financial capability）は、金融包摂とともに金融排除に抗する取り組みを象徴する概念である[1]。金融ケイパビリティ概念は、国内外で展開された議論を俯瞰すると二つに大別できる（野田 2019a）。

　一つ目は、様々な形態の金融に関わる個々人の能力の多面性に光を当てるものである。必要な金融に関わる情報や知識を獲得するだけでなく、それらを適切に利用して望ましい状況、すなわち金融ウェルビーイング（financial well-being）の実現につながる態度や行動のあり様を強調する[2]。金融ケイパビリティが登場する以前より金融リテラシー（financial literacy）の概念は金融に関わる個々人の知識や技能に焦点を置いていたが、単に知識や技能を保有するだけでは必ずしも状況の改善に至らないことが指摘されるようになった。そこで金融ケイパビリティという異なる用語によって、望ましい状況の達成に寄与する態度や行動といった側面を強調することになった（Kempson, Collard and Moore 2005；Atkinson et al.2006）。他方で、それまでの金融リテラシー概念を修正して知識や技能だけでなく態度や行動を組み込み、金融リテラシーの用語をそのまま使用することもある。この場合、金融リテラシーと金融ケイパビリ

ティはほぼ同義のものとみなされる（Sherraden 2013：4；金融経済教育研究会 2013：1）。

　二つ目は、金融に関わる個々人の能力の多面性に注目しつつ、能力に関係する環境要因も金融ケイパビリティ概念に組み入れるものである。つまり、金融ウェルビーイングの達成には、知識や技能、態度、行動だけでは十分でなく、個々人の多面的な能力に加え、その能力に相互作用する種々の社会資源や制度といった「機会」が不可欠であると認識する（Johnson and Sherraden 2007：122-4；野田 2019b）。また、この機会の望ましい特質として、適切な配慮や利用可能性、手頃な価格、利用の簡便さや柔軟性、安全・信頼性等が指摘されている（Sherraden 2013：14-18；2017；6-8）。

　こうした二つの違いを日本でいち早く指摘したのは伊藤宏一であった。日本では金融経済教育研究会（金融庁）が2013年4月に『金融経済教育研究報告書』を取りまとめ、行動面を重視した「最低限習得すべき金融リテラシー」を示した。この金融リテラシーは、「OECD金融教育に関する国際ネットワーク（International Network on Financial Education, INFE）」の「金融教育のための国家戦略に関するハイレベル原則」（2012年6月）が示した定義に従い、「金融に関する健全な意思決定を行い、究極的には個々人の金融ウェルビーイングを達成するために必要な金融に関する意識、知識、技術、態度及び行動の総体」と捉え、（英米では）金融ケイパビリティとほぼ同義であることに言及している（金融経済教育研究会 2013：1、筆者一部改訳）。また、その後には、「生活スキルとして最低限身に付けるべき金融リテラシー」を年齢層別に体系的・具体的に取りまとめた『金融リテラシー・マップ』を公表している（金融経済教育推進会議 2016）。

　伊藤はこのような取り組みに対して一定の評価を示しながらも、修正された金融リテラシー概念は貨幣の使用や管理、意思決定を中心としており、それらの個人的側面と相互作用する社会的側面を重視した（二つ目の）金融ケイパビリティ概念の視点に欠けていることを指摘している（伊藤 2017）。この社会的側面は、個人の金融行動やその意思決定を支える制度等を指し、具体的に公的年金や医療年金、生活保護等を挙げている（伊藤 2011）。

　このように社会的側面を明記しないことは、『金融リテラシー・マップ』で

も同様である。他方で、伊藤が依拠する（二つ目の）金融ケイパビリティ概念やそれに基づく実践・政策を主導してきたシェレイデン等は、生涯にわたる金融ケイパビリティとして子ども期から高齢期までのライフステージごとに金融に関わるライフイベントと能力（金融リテラシー）だけでなく、社会的側面にあたる機会（金融包摂）を加えた一覧を提示している（Sherraden 2017；野田 2019b）。

　さらに、海外諸国で金融ケイパビリティが強調される背景のひとつには、金融排除やそれに関わる低所得・貧困問題があったが（伊藤 2012）、日本の金融リテラシー（狭義の金融ケイパビリティ）の議論ではこの問題認識が明確に示されていない。確かに、『金融経済教育研究報告書』では（金融経済教育の）対象となる生徒や社会人、高齢者に加え、「生活設計において困難が生じることの多い社会的弱者や低所得層」への対応の必要性についても触れている（金融経済教育研究会 2013：16）。しかし、伊藤も指摘するように、このような社会的不利を抱える人々への取り組みについて踏み込んで検討していない（伊藤 2017）。

　翻って社会的不利を抱える人々の実態や取り組みに関する議論に目を向けると、パーソナル・ファイナンスに関わる問題が種々の領域で指摘されている。例えば、児童養護施設退所者に対する東京都の調査では、「施設退所直後に「まず困ったこと」」（複数回答）として、「孤独感、孤立感」が29.6％で最も高いが、次いで「金銭管理」（25.4％）や「生活費」（25.1％）が高くなっている（東京都福祉保健局 2011：19-20）。また、ひとり親家庭の母親に関しても、計画的な家計管理を行う力を養える人生経験の不足や、児童扶養手当のまとめ払い等の給付事業の支給方法、家庭内暴力としての経済的搾取等によって、家計管理にかかる困難の生じることが指摘されてきた（赤石 2014；藤原 2015；Noda 2019）。さらに、障害の特性によっては演算や識字、将来の予測や抑制的な行動が困難な場合もあり、障害児者の家計管理の課題や消費者トラブル被害、それらの支援のあり方が問われている（鹿野 2009；小野 2017）。その他、特に加齢や病気、障害により判断能力が著しく低下した高齢者の脆弱性は高く、日常生活自立支援事業や成年後見制度の整備が進んでいる（高橋 2019；全国社会福祉協議会 2019）。しかしながら、これらの議論では「国民一人ひとり」が「最

低限身に付けるべき金融リテラシー」について言及されることは、管見の限り
ほとんどなく、両者は十分に関連づけて論考されていない。

　そこで、本章では、金融ケイパビリティの概念、とりわけ社会的側面も重視
する金融ケイパビリティ概念に着目し、日本で議論されてきた世代別の金融リ
テラシーに応じ得る社会的側面を示したうえで、社会的不利を抱える人々の金
融ケイパビリティに関わる論点を明らかにする。

　以下では、まず「最低限身に付けるべき金融リテラシー」の全般的な特徴を
説明する（第1節）。次に、いくつかの年齢層を取り上げ、該当する金融リテラ
シーとそれに応じる機会を示す（第2節）。それを踏まえ、社会的不利を抱える
人々の取り組みに関わる論点を明らかにする（第3節）。最後に、本章で得た知
見をまとめ今後の課題を提示する。

1　「最低限身に付けるべき金融リテラシー」の全体像

　『金融経済教育研究会報告書』の要諦は、「生活スキルとしての金融リテラシ
ー」の提示にあり、上述したように国際的な議論を参照しながら、「生活スキ
ルとしての金融リテラシー」を「計画性のない支出は抑え、収支の改善を目指
す家計管理や、死亡・疾病・火災等の不測の事態や教育・住宅取得・老後の生
活等に備えた生活設計」を立てる習慣、及び「それぞれの生活設計に合わせて
金融商品を適切に利用選択する知識・判断力」を保有して生活する力、である
と言い換えている。また、この金融リテラシーは、単なる知識の獲得だけでな
く、「健全な家計管理や生活設計の習慣化という行動の改善と適切な金融商品
の選択というスキル」を重視している。そして、金融経済教育を効率的・効果
的に推進するために、「生活スキルとしての金融リテラシー」のなかでも特に
「最低限習得すべき金融リテラシー」に焦点を絞ることを重視・提唱し、この
範囲として4分野・15項目を示した（表4-1）。

　この4分野の構成を確認すると、まず「経済的に自立し、より良い暮らしを
送っていく上で、最も基本」になるものとされるのが、「家計管理」（第1分野）
と「生活設計」（第2分野）である（金融経済教育研究会 2013：8）。また、この2
つのなかでも、家計管理、すなわち「適切な収支管理の習慣化」は「全ての前

表4-1　最低限習得するべき（身に付けるべき）金融リテラシー（4分野・15項目）

分野		項目
1	家計管理	1. 適切な収支管理（赤字解消・黒字確保）の習慣化
2	生活設計	2. ライフプランの明確化及びライフプランを踏まえた資金の確保の必要性の理解
3	金融知識及び金融経済事情の理解と適切な金融商品の利用選択	**【金融取引の基本としての素養】** 3. 契約にかかる基本的な姿勢の習慣化 4. 情報の入手先や契約の相手方である業者が信頼できる者であるかどうかの確認の習慣化 5. インターネット取引は利便性が高い一方、対面取引の場合とは異なる注意点があることの理解 **【金融分野共通】** 6. 金融経済教育において基礎となる重要な事項（金利（単利、福利）、インフレ、デフレ、為替、リスク・リターン等）や金融経済情勢に応じた金融商品の利用選択についての理解） 7. 取引の実質的なコスト（価格）について把握することの重要性の理解 **【保険商品】** 8. 自分にとって保険でカバーすべき事象（死亡・疾病・火災等）が何かの理解 9. カバーすべき事象発現時の経済的保障の必要額の理解 **【ローン・クレジット】** 10. 住宅ローンを組む際の留意点の理解 　①無理のない借入限度額の設定、返済計画を立てることの重要性 　②返済を困難とする諸事情の発生への備えの重要性 11. 無計画・無謀なカードローン等やクレジットカードの利用を行わないことの習慣化 **【資産形成商品】** 12. 人によってリスク許容度は異なるが、仮により高いリターンを得ようとする場合には、より高いリスクを伴うことの理解 13. 資産形成における分散（運用資産の分散、投資時期の分散）の効果の理解 14. 資産形成における長期運用の効果の理解
4	外部の知見の適切な活用	15. 金融商品を利用するにあたり、外部の知見を適切に活用する必要性の理解

出所：金融経済教育研究会（2013：8-14）をもとに筆者作成

提」と言明している（金融経済教育研究会 2013：9）。この2分野のうえに「金融知識及び金融経済事情の理解と適切な金融商品の利用選択」（第3分野）及び「外部の知見の適切な活用」（第4分野）が位置づくことになる。なお、第3分野と第4分野の優先順位は明確にされていない。

　このように示された「最低限習得すべき金融リテラシー」の内容を「年齢層別に、体系的かつ具体的に記した」ものが「金融リテラシー・マップ」である（金融経済教育推進会議 2016：1）。年齢層は、「小学生」（低学年、中学年、高学年）、「中学生」、「高校生」、「大学生」、「若年社会人」、「一般社会人」、「高齢

者」に分けられている。「最低限習得すべき金融リテラシー」と同様、金融
（経済）教育を主な方法として想定している。

2　年齢層別の金融リテラシーと機会

　本節では『金融リテラシー・マップ』をもとに、その年齢層別内容を要約し
たうえで、それぞれの内容に関連する社会的側面（機会）を示す。ただし、紙
幅が限られているため、年代を子ども期（「小学生高学年」と「中学生」、「高校
生」）、社会人期（「若年社会人」「一般社会人」）、高齢期（「高齢者」）に三分類し
たうえで、子ども期と社会人期を取り上げた。また、金融リテラシーの4分野
15項目については、「最も基本」としていた「家計管理」と「生活設計」に限
定した[3]。
　これらの一覧は表4-2・表4-3にて整理した。機会については、『金融リテ
ラシー・マップ』で示された内容（表4-2・表4-3「能力」）から導出できるも
のと（表4-2・表4-3「主な機会」の「一般」）、それ以外で社会的不利を抱える
人々の実態や取り組みに関わる側面が大きい機会（表4-2・表4-3「主な機会」
の「特殊」）に分けた。このうち、本節では（表の）「主な能力」と「主な機会」
の「一般」を扱う。

（1）子ども期
　小学生は「お金にかかわって徐々に経験・知識・技能を身に付け」て「社会
の中で生きていく力の素地を形成する」時期として捉えられている。また中学
生は「生涯の自立に向けた基本的な力を養う時期」であり、高校生は「社会人
として自立するための基礎的な能力を養う時期」とされる（金融経済教育推進
会議 2016：6）。
　家計管理のリテラシーに関しては、低学年から「お金」や「もの」を「大切
にする」「大切に使う」、あるいはそのために必要な態度や考え方（例：我慢・
欲求と必要の区別）が設けられている。中学生以降になると「各種カード」な
ど見えないお金についての理解や社会的責任ある消費者としての態度・行動、
経済的概念（例：希少性、効率、機会費用）の理解が求められている。家計の基

表4-2　金融に関わる主な能力と機会：子ども期

	主な能力（金融リテラシー）	主な機会
家計管理	・資源（財・サービス等）の有限性・希少性を理解し、よりよい選択ができる ・節度・節制を心がける ・必要性を踏まえて計画を立て買い物を行うことができる ・長期的・計画的な資金管理の大切さを理解する ・家計の収支・支出、自分に関わる支出を理解する態度を身に付ける ・実践的な収支管理（学校行事等）を行う ・各種カード等の使用に注意する ・お金の使い方に関する自他の価値観を理解し消費者としての責任ある使い方を身に付ける ・機会費用、効率、公正等の概念を用いてよりよい意思決定ができる	〔一般〕 ・現金 ・小遣い帳 ・商品 ・学校行事 ・各種カード 〔特殊〕 ・信頼できる相談者 ・児童福祉サービス ・障害福祉サービス ・生活福祉資金貸付 ・母子父子寡婦福祉資金貸付
生活設計	・将来の夢を持ち、その実現に向けた手段を考え、努力・実践しようとする態度を身に付ける ・労働による収入が生活の安定や経済的な自立の基盤であることを理解する ・職場体験等を通して自分の希望する職業を考える ・労働の権利義務を理解し、その社会的意義を考える ・進学・就労に伴う支出を計算して、進路選択を考える ・ワークライフバランスを理解する ・将来の使途を設定し、計画的に貯蓄する態度を身に付ける ・生涯収入や主な支出、自分の価値観を理解し、生活設計を立てる ・社会保障を理解し、暮らしの中での役割を考える ・預金、株式、債券、保険等の基本的な金融商品の特徴を理解し、関連する社会の動向に関心を持つ ・社会貢献の様々な在り方を考え、実践する態度を身に付ける	〔一般〕 ・貯金箱 ・銀行口座 ・家族が利用する社会保障 ・高等学校等就学支援金 ・職場体験等受け入れ企業 ・ボランティア受け入れ団体 ・寄付等受け入れ団体 〔特殊〕 ・就学援助 ・高校生等奨学給付金 ・家計急変への支援等 ・利用する社会福祉サービス

出所：金融経済教育推進会議（2016）をもとに筆者作成

本となる態度やその習慣化ないし短期的な消費・支出に基づく内容が中心となっており、中長期的な支出に関わる内容については必要性を考慮した計画に沿った買い物（小学生高学年）等が該当するが、より明示的には「長期的・計画的な資金管理の大切さの理解」（高校生）が挙げられている程度になる。

　行動に関わる内容については、小遣いの管理（小学生中学年）が想定されるものと子ども自身に関わる修学旅行等の学校行事（中学生・高校生）と関連させた収支管理が該当する。特に、高校生では、子ども自身の生活や教育に関わる支出やそれが家計にどう位置づくかを考えられることを求めている。

　生活設計のリテラシーとしては、社会人期以降の生活設計の前提となる知識や経験に重きが置かれている。貯蓄については、この生活設計の分野で特に強

調されている（小学生中学年以降）。また、「自分の価値観に基づいて生活設計を立ててみる」（中学生）ことが盛り込まれており、職業選択と進路選択・生活設計の関連づけも挙げられる（高校生）。社会保障制度の基本的な内容の理解は小学生高学年以降で求められる。高校生では、預金・株式・債券・保険等の基本的な金融商品の特徴についての理解も挙げられている。

　他方で、年代によって幅はあるものの、収入の源泉となる労働の権利義務や職場体験、ワークライフバランス、就労等に伴う支出、ボランティアや寄付等の社会貢献も取り上げられている。

　家計管理に関わる機会については、当然のことながら、まず親等の養育者が関わる。子ども自身は契約行為の主体となれないため、その買い物は親等の親権者が行うことになり、その影響力が大きい。また、子どもに一定の現金を渡し、その現金の使用・管理を通して家計管理に関わる自由と責任を学ばせる機会を設けることになる。

　生活設計に関わる機会に関しては、将来の生活設計に資するための機会が中心となる。例えば労働について学ぶための職業体験の場、家族・自分自身が加入している保険やそれを知る・話す機会、ボランティアや寄付等の受け入れ先を挙げることができる。

(2) 社会人期

　ここでは「若年社会人」と「一般社会人」を含めた時期を社会人期とする。この時期は、生活面や経済面で自立し、ライフスタイルや価値観の多様化を想定しつつ、様々なライフイベントに応じた支出や将来の準備を本格的に行う。また、独身層と「ファミリー層」があり、後者では子どもの金融教育の実施も期待される（金融経済教育推進会議 2016）。

　社会人期では、家計簿等を活用した収支管理や、給与明細書及び源泉徴収票にある税や社会保険料等の理解等が挙げられている。より中長期的な内容としては、貯蓄や投資による将来（リタイア後）の資産形成や、リタイア後に向けた資産の見直し・改善が盛り込まれている。また、クレジット機能の理解についても家計管理に含まれている。

　子どものいる家庭では、親が子どもに「ものの大切さ」や「見えない家計」

表4-3　金融に関わる主な能力と機会：社会人期

主な能力（金融リテラシー）		主な機会
家計管理	・収支を把握し、家計簿等を活用して適切な収支管理をする ・貯蓄や投資を通じて将来に向けた資産形成を行う ・必要性や収入等を勘案して支出の適否を的確に判断する ・給与明細書や源泉徴収票の記載（税・社会保険料等）を理解する ・各種のクレジット機能を理解し、適切に借入をする ・リタイア後の収入・金融資産の状況を予想し必要に応じて改善する 〔ファミリー層向け〕 ・ものの大切さについて子どもに対して日常的に指導する ・携帯使用料等目に見えない家計の存在等を子に理解させる ・限りある収入の範囲で家計管理を行うことを子に教える	〔一般〕 ・家計簿等 ・労働と所得 ・税制（税控除等） ・各種カード ・社会保険 ・公的扶助等 ・投資 〔特殊〕 ・家計改善支援事業 ・日常生活自立支援事業 ・成年後見制度 ・女性相談所（経済的搾取） ・その他社会福祉サービス ・児童手当各種 ・生活保護 ・生活福祉資金貸付等
生活設計	・職業能力の獲得・向上・維持に努める ・家族や環境の変化、老後の展望等を踏まえ、ライフプランや資金計画、保有資産の見直しを検討する ・子の金融教育を、学校と連携しつつ家庭内で取り組む ・ライフイベントの必要資金を貯蓄・資産運用等によって計画的に準備し、必要な知識・技能を習得する ・ライフイベント表やキャッシュフロー表の作成を通して長期的な収支状況や問題点を把握し、定期的に見直す ・個人バランスシートの作成を通して、資産運用・負債圧縮等の必要な対応を検討・実施する ・金融商品の適切な選択ができる ・加入する公的保険を把握し、必要な貯蓄・民間保険等に加入を適切に検討・実施できる ・消費者の社会的責任として社会貢献を行う	〔一般〕 ・就労の場 ・研修又はリカレント教育 ・金融商品 ・公的保険各種 ・民間保険各種 ・ボランティア等受け入れ団体 〔特殊〕 ・特別支援学校等 ・家計改善支援事業 ・社会福祉サービス ・生活保護と貯蓄・保険 ・住宅給付金

出所：金融経済教育推進会議（2016）をもとに筆者作成

の存在等を教えることが言及されている。

　社会人期の生活設計に関わるリテラシーとしては、職業能力に関わるものが含まれている。また、ライフイベント表やキャッシュフロー表、個人バランスシートの作成による資金計画の見直し等を求めている。これらに関連して、公的保険の把握や貯蓄、民間保険の加入、金融商品の選択が加わる。さらに、消費者の社会的責任としての社会貢献、特に消費活動を通した積極的な社会参画等についても強調されている。

　家計管理に関わる機会については、収支管理の手段として家計簿等がある。給与明細等に関していえば、当然ながら、賃金を得る労働の機会が前提であ

る。貯蓄や投資については、その原資となる可処分所得を保有し、銀行サービスや資産運用に関わる金融機関及びそれらへのアクセスが機会に含まれる。クレジット機能を理解し、「適切な」借入を行うことは、各種カードが利用できること、「適切な」借入のできるサービスを選べる環境が必要となることを意味する。

　生活設計に関わる機会としては、金融サービスに直接関わるものについては、貯蓄・資産運用のできる銀行サービスや金融商品、民間保険、それらを扱う金融機関（へのアクセス）がなければならない。ここに、ライフプラン等の作成方法を学習する機会も含めることができる。職業能力については、金融の原資となる収入を得る手段としての労働の機会及び研修を受ける機会が含まれる。社会貢献の多様な在り方を学び、それを行える機会も挙げることができる。

3　社会的不利を抱える人々の金融ケイパビリティに関わる論点

（1）前提としての生活保障

　前節では「最低限身に付けるべき金融リテラシー」とそれをもとに導出した年齢層別の機会を取り上げた。「最低限身に付けるべき金融リテラシー」は、労働の権利義務や消費者の社会的責任に関する視点も含まれており、必ずしも狭義の金融に限定されてはいない。他方で、本章の「はじめに」で言及したような社会的不利を抱える人々は、様々な理由で学校教育での学習を十分に受けられず、基礎的な演算や識字（日本語の読み書き）を習得していないこともある。家庭内での困難を抱え、親等による適切な家計管理のモデルを観察する経験がなかったり、経済的な虐待・暴力を子ども期や社会人期等で経験する者もいる。管理・運用する貨幣を得るための就労機会が限られていることも珍しくない。「最低限身に付けるべき金融リテラシー」は確かに社会保険や労働、消費者の社会的責任等を含め体系的・具体的ではあるが、このような社会生活上の困難を抱える（・抱えてきた）人々の状況を考慮しているとは言い難い。このことは、事後的救貧の機能がある生活保護や種々の低所得対策関連事業、貸付事業等が取り上げられていないことからも指摘できる。

　そこで、伊藤による社会的側面の例示（伊藤 2011）やシェレイデンによる研究（Sherraden 2017）を参照にしつつ、前節で整理した能力と機会（表「主な機会」の「一般」）をもとに、社会的不利を抱える人々、差し当たり社会的養護の対象となる子ども、障害児・者、ひとり親家庭等を想定し、それらの状況に要する主な制度を追加することができる（表4-2〜4-4「主な機会」の「特殊」）。これらのほとんどは、貧困・低所得や社会的養護、障害、病気等に関わる所得保障制度や社会福祉サービス、教育関係費の負担軽減制度の一部である。このような機会を考慮することが、社会的不利を抱える人々の金融ケイパビリティを構想することの第一歩となる。

（2）論点：共通基盤の所在

　そして、社会的不利を抱える人々の金融リテラシーと機会の相互作用による金融ケイパビリティやその先の金融ウェルビーイングの実現にまで目を向けると、「最低限身に付けるべき金融リテラシー」やそれに関連する機会をめぐる論点を指摘することができる。

　第一に、「最低限身に付けるべき金融リテラシー」でいうところの「最低限」の意味である。ここでいう「最低限」は、社会保障の文脈で使用される最低限保障とは異なり、政府の公的責任に基づく実施を要請する規範的な含意が曖昧である。また、この「金融リテラシー」は、「健康で文化的な最低限度の生活」（日本国憲法第25条）を営むために要する金融リテラシーを意味しているわけではない。例えば、生活保護利用者にとって「最低限身に付けるべき金融リテラシー」が何かは明確ではない。誰が身に付けるべき「リテラシー」なのか、誰にとっての「最低限」なのかが問われる。

　これを踏まえて、第二に、それぞれの分野間の関係からも論点を指摘できる。「前提」とされる家計管理と生活設計については、子ども期では保険やローン・クレジットに関する事項が盛り込まれておらず、両者は切り離された関係にある。他方で、社会人期については、家計管理と生活設計のなかに保険やローン・クレジットの利用、あるいは投資等の資産運用等が組み込まれており、それらははっきりと切り離されるのではなく、むしろ一体的となる側面が看取される。換言すると、社会人期では、家計管理や生活設計ができてから、

保険やクレジット等の利用がある、という段階論的な認識とはなっていない。「家計管理」と「生活設計」それ自体に、保険やローン・クレジットに関連する社会保障や金融サービスの利用等も組み込まれており、「家計管理」「生活設計」それぞれで求められる内容は高度化・複雑化しているといえる。ここから「最も基本」ないし「全ての前提」と明言される家計管理や生活設計であっても、示された全ての内容が「最低限」の範囲となるのか、あるいは示された内容のなかでも特定の事柄がより優先され、あるいは不可欠となるのか、その「基本」の構造をどう捉え、どのようにアプローチするのかが問われる。

　第三に、それぞれの年齢層のみに求められる内容と、それ以降の年齢層に要する部分のあることに関わっている。特に後者については、後の世代で重複して言及されるものとそうでないものがある。例えば、生活設計では、小学生の段階で計画的に貯蓄する態度の習得を挙げているが、社会人期の世代には記述がない。これは、社会人期では不要となっているのではなく、前提されているためいちいち取り上げていないものと解釈することが適切であろう。このように捉えると、世代間での段階論的理解では、子ども期にある内容（の一部）は各世代をまたぐ「最低限」の基本になることが想定される。

　これに関して、例えば、社会的不利を抱える社会人期の親は、子ども期での獲得を期待されるリテラシーを習得していないことがある。この場合、子ども期に関わる機会（学校行事や小遣い等）を同じようにその後（例：社会人期）に提供することは非現実的であり不適切でもある。このように習得が期待される「金融リテラシー・マップ」の年齢層と実際に習得できる（ないし様々な事情で習得が必要となる）年齢層が異なる際には、どのような機会を設け、それを活用した教育・支援を行えるのか確かな筋道は示されていない。

　第四は、想定し得る多様な方法との関連である。繰り返すように、本章で検討の起点とした「最低限身に付けるべき金融リテラシー」はその方法として金融（経済）教育を位置付けている。とりわけ、学齢期の生徒には学校教育における金融教育の組み入れを狙っていることもあり、表示される金融リテラシーの中身も学校教育という場を想定している。他方で、社会的不利を抱える人々は、学校教育だけでなく、家庭教育や社会教育等、家計の破綻や借金、応急的な欠乏、消費トラブルや経済的暴力等、金融に関わる問題解決の支援を行う社

会サービスとの接点があり得る。その問題解決を支援する際に習得・活用を促す金融リテラシーや機会の特徴は、教育を想定したそれらと必ずしも同じではない。

　日本では、ファイナンシャル・プランナーによる取り組みや、家計改善支援事業（旧・家計相談支援事業）での社会福祉士等による支援、児童養護施設退所に向けたケアでの家計管理支援等が展開されている（林編 2010；伊藤 2017；佐藤 2019）。そこでは教育というよりもカウンセリングやソーシャルワーク等が主な方法として採用される[4]。これらの場や方法は「最低限身に付けるべき金融リテラシー」の内容のなかで十分に想定されていない。このように、社会的不利を抱える人々の金融ケイパビリティの向上を企図する際には、異なる方法でも共通するリテラシー及び機会と、特定の方法に限って適合しやすい金融リテラシーと機会（の表現）を区別して検討する必要がある。

おわりに

　本章の目的は、金融ケイパビリティの概念、とりわけ能力・行動を指す金融リテラシーだけでなく社会的側面も重視する金融ケイパビリティ概念に着目し、日本で議論されてきた世代別の金融リテラシーに応じ得る社会的側面を示したうえで、社会的不利を抱える人々の金融ケイパビリティにかかる論点を明らかにすることであった。ここで得られた知見は次の3つに集約できる。

　まず、年齢層別に包括的・体系的に示された「最低限身に付けるべき金融リテラシー」から直接導出できる機会は幅広いが、社会的不利を抱える人々が当該リテラシーを獲得・実現するための前提的な基盤となる生活保障の機会が等閑視されないよう注意すべきことである。そして、この機会の中身を、より体系的・具体的に示し、社会的不利を抱える人々の金融ウェルビーイングを高めるために能力と機会がどう相互作用できるのかを明らかにすることが課題となる。

　次に、社会的不利を抱える人々の金融ケイパビリティ及び金融ウェルビーイングの実現を促す観点から、構造化された金融リテラシーと機会の分野間・分野内・世代間における共通基盤が問われる。特に社会的不利を抱える人々にと

って、高度化・複雑化する「家計管理」のどこが「最低限」となるのか、また、期待される年代で当該リテラシーが獲得できなかった場合、「最低限身に付けるべき金融リテラシー」では直接導出できない機会の創出が必要になるだろう。

　さらに、金融教育の方法のみを想定した金融リテラシー及び機会だけでなく、カウンセリングやソーシャルワーク等の様々な方法に共通した金融リテラシー及び機会を検討することが社会的不利を抱える人々の金融ケイパビリティ実現に向けて重要になることを指摘した。これは先に言及した機会の開発や活用（機能）を促すことにも関わる。

　本章は、日本における金融リテラシーの議論と社会的不利を抱える人々の実際・支援に関わる議論の架橋を試みたが、問題提起の域を超えていない。本章で示した論点や課題に取り組むためには、社会的不利を抱える人々が直面する金融面での課題はその困難や状況によって大きく異なることを踏まえ、特定の集団（例：社会的養護経験者）やその取り組みを個別に取り上げ、それぞれの文脈に沿ったリテラシーや機会の中身を帰納的に構築していくことが求められるだろう。その際、個々人の能力（リテラシー）を高める手段としてのみ機会を位置づけ、金融に関わる問題の解決を過度に個別化しないよう留意すべきことも指摘しておきたい。

＊本研究は科研費（16K17268）の研究成果の一部である。

注
1 financial capability の定訳はなく、金融能力やファイナンシャル・ケイパビリティ等と表記されている（e.g. 野田 2019a）。本章では他章との一貫性に鑑みて「金融ケイパビリティ」とした。
2 金融ウェルビーイングの概念や議論については本書第2章を参照されたい。
3 野田（2020）では、「高齢期」の年代や「保険」「ローン・クレジット」の分野も含めて検討している。
4 アメリカにおけるファイナンシャル・ソーシャルワークの構想については野田（2018）を参照されたい。

参考文献
赤石千衣子（2014）『ひとり親家庭』岩波書店。
伊藤宏一（2011）「金融リテラシーから金融ケイパビリティへ——新段階に入った英米のパーソナル

ファイナンス教育に関連して」『Journal of financial planning』13（142）：20-24。

伊藤宏一（2012）「金融ケイパビリティの地平：「金融知識」から「消費者市民としての金融行動」へ」『ファイナンシャル・プランニング研究』日本 FP 学会．12：39-48。

伊藤宏一（2017）「高齢者の金融ケイパビリティ問題と相談・支援体制」『生活協同組合研究』500：13-21。

小野由美子（2017）「社会支援論：要支援者への消費者教育」西村隆男編『消費者教育学の地平』慶應義塾大学出版会：267-288。

金融経済教育研究会（2013）『金融経済教育研究会報告書』金融庁金融研究センター。

金融経済教育推進会議（2016）『金融リテラシー・マップ：「最低限身に付けるべき金融リテラシー」の項目別・年齢層別スタンダード（2015 年 6 月改訂版）』。

佐藤順子（2019）「これからの家計改善支援事業を展望する」『生活協同組合研究』519：21-28。

鹿野佐代子（2009）「知的障がい者の家族に対するファイナンシャル・プランニング：提案書とキャッシュフロー表の効果の検討」『ファイナンシャル・プランニング研究』日本 FP 学会．9：34-42。

全国社会福祉協議会（2019）「日常生活自立支援事業の今後の展開に向けて〜地域での暮らしを支える意思決定支援と権利擁護（平成 30 年度日常生活自立支援事業実態調査報告書）」。https://www.shakyo.or.jp/tsuite/jigyo/research/20190419_nichijichousa.pdf

高橋良太（2019）「日常生活自立支援事業と成年後見制度」『老年精神医学雑誌』老年精神医学雑誌編集委員会．30（1）：20-26。

東京都福祉保健局（2011）『東京都における児童養護施設等退所者へのアンケート調査報告書』。

野田博也（2018）「ファイナンシャル・ソーシャルワークの構想」『人間発達学研究』9：139-146。

野田博也（2019a）「日本におけるファイナンシャル・ケイパビリティの概念」『愛知県立大学教育福祉学部論集』67：31-40。

野田博也（2019b）「社会的な側面を重視するファイナンシャル・ケイパビリティ研究の到達点と課題」『人間発達学研究』10 号：35-45。

野田博也（2020）「『最低限身に付けるべき金融リテラシー』と機会：社会的不利を抱える人々の金融ケイパビリティに関する論点」『大原社会問題研究所雑誌』738：52-66。

林恵子編（2010）『ひとり暮らしハンドブック　施設から社会へ羽ばたくあなたへ：巣立ちのための 60 のヒント』明石書店。

藤原千沙（2015）「児童扶養手当の支払期月と母子世帯の家計」原伸子・岩田美香・宮島喬編『現代社会と子どもの貧困：福祉・労働の視点から』大月書店：31-60。

Atkinson, Adele et al. (2006) Levels of Finanical Capability in the UK : Results of a baseline survey. *Consumer Research* 37, Financial Services Authority. (http://www.pfrc.bris.ac.uk/publications/Reports/Fincap_baseline_results_06.pdf)

Johnson, Elizabeth and Sherraden, Margaret S. (2007) From Financial Literacy to Financial Capability among Youth. *Journal of Sociology and Social Welfare.* 34 (3), 119-145.

Kempson, Elaine, Collard, Sharon and Moore, Nick (2005) Measuring financial capability: an exploratory study. *Consumer Research* 37, Financial Services Authority. (http://www.bristol.ac.uk/media-library/sites/geography/migrated/documents/pfrc0510.pdf)

Noda, Hiroya (2019) The Difficulties of Financial Management Faced by Single Mothers in Maternal and Child Living Support Facility Homes. *Social Welfare Studies*, Department of Social Welfare School of Education and Welfare, Aichi Prefectural University, Vol.21.

Sherraden, Margaret S. (2013) Building Blocks of Financial Capability. In Birkenmaier, Julie, Sherraden, Margaret and Curley, Jami eds. *Financial Capability and Asset Development: Research, Education, Policy, and Practice.* Oxford University Press. 3-43.

Sherraden, Margaret S. (2017) Financial Capability. In C. Franklin ed. *Encyclopedia of Social Work (Electronic)*. Washington, DC & New York, NY. NASW Press & Oxford University Press.

コラム5

生活困窮者自立支援事業と家計改善支援事業

　2008年の金融危機後に生じた貧困問題への対応策として生活保護と社会保険のあいだに位置づく第二のセーフティネットが注目された。その役割を担う恒久的な施策が、生活困窮者自立支援事業である。

　根拠法である生活困窮者自立支援法では全ての自治体が実施する必須事業（自立相談支援事業と住宅給付金）とそれぞれの判断で実施する任意事業（就労準備支援事業や一時生活支援事業、家計改善支援事業、学習支援事業）を定めている。そのほとんどはサービス給付であり相談援助を基調としているため、支援者の相談援助に関わる力量のある支援者を十分に確保できるか否かが重要となる。また、予算のつく事業ではないが、生活困窮に関連する様々な諸制度との連携や生活困窮者の支援を通した地域づくりの必要性も強調されている。

　家計改善支援事業（旧称：家計相談支援事業）も、このような施策に組み込まれており、他事業と同様の可能性と課題を抱える。他方で、家計改善支援事業として固有の特徴、可能性と課題もある。この事業は、相談者やその相談者が属する世帯の家計の改善に焦点を当てており、収入と支出の均衡に注意を払いながら、当該世帯の経済活動を短期的・中長期的に安定・発展することを促す取り組みである。このために、家計の改善を、相談者個々への働きかけだけでなく、活用できる制度や支援事業の利用・調整・開発によって推進することが目指される。同様の狙いや方法は、部分的には様々な援助実践で（水面下であれ）行われていたが、これを中心とする対人援助事業は戦後日本の社会福祉事業では前例がない。そうであるからこそ、この事業を通して、家計という私的領域に第三者が関わることの是非が改めて問われることになる。事業を推進する擁護者の一方的な評価ではなく、当該事業に直接的・間接的に関わる当事者の評価が、今後の展開を左右するだろう。

（野田　博也）

第Ⅱ部

実践報告

　日本におけるもっとも典型的な金融排除の一つが多重債務問題だ。多重債務者救済のために、親身に相談に乗り、必要に応じて貸付を行い、多重債務者の生活再建を支援する。こうした事業を行っているのが、第Ⅱ部で紹介する信用生協（岩手）、生活サポート基金（東京）、生活クラブ千葉グループ（千葉）である。

　多重債務問題は決して過去の問題ではない。2000年代後半以降、サラ金被害は影を潜めたが、銀行カードローンの影響もあって、2015年頃を境に、多重債務者の相談件数は再び増加傾向に転じた。2020年はコロナ危機がこの傾向に拍車をかけている。こうした中で、信用生協などの生活相談・貸付事業は重要な社会的役割を担っている。

　政府が2007年に「セーフティネット貸付」を多重債務問題改善プログラムに位置づけてから13年以上、生活困窮者自立支援事業が2015年に始まって5年以上が経つが、こうした相談・貸付事業は、国内でなかなか広がりをみせていない。相談・貸付事業の現状を通して、今後の方向性を見出す。

第5章

生協制度による貸付事業
——信用生協の取り組み

上田　正

はじめに

　消費者信用生活協同組合（以下、略称である信用生協または当生協とする）は
2019年に創立50周年を迎えた。

　1969年の設立趣意書では、「労働組合にも各種協同組合にも保護されない中
小企業、商店等の勤労者や一般消費者にとって銀行、金庫など市中の金融機関
は縁遠い存在であり、いきおい小口高利金融業者に依存せざるをえない」と指
摘し、金融機関から借り入れできない未組織労働者などを対象に必要資金を貸
し付けする事業を開始した。

　この設立の趣旨は今日まで引き継がれており、さまざまな事情で金融機関や
貸金業者からも借り入れできず、他方では公的貸付制度の貸付条件に該当せず
行き場を失った資金需要者を対象に生活相談と一体となった貸付を行ってい
る。

　1980年代以降のサラ金やヤミ金被害と多重債務問題の解決への取り組み、
そして2006年の貸金業法改正と2007年の生協法の改正、その後の2015年の生
活困窮者自立支援法の施行を経て今日に至るまで、社会的課題や関連法制の変
遷の中で当生協の事業は量・質とも大きく変化してきた。しかし、時代は変わ

っても設立の趣旨でもある社会的弱者に対して貸付という手法を通しての生活支援は今も必要とされている。

本章は第1節で当生協の事業を消費生活協同組合法（生協法）との関連で概観する。第2節で当生協の事業の経過と現状を貸金業者の動向も含めて紹介する。第3節で当生協の貸付事業の特質に触れ、第4節で当生協を巡る事業環境と課題、第5節で当生協の今後果たす役割について報告する。

1　生協法と信用生協

（1）組合員の共済を図る事業としての貸付事業

農業協同組合や漁業協同組合は預貯金業務を含む信用事業が認められているが消費生活協同組合（生協）には認められていない。

1948年に制定された消費生活協同組合法（生協法）では貸付事業に関する規定がなく、当時の厚生省による通達で共済事業の一環としての貸付事業が容認されていたにすぎない。

戦後、九州を中心に「信用生協」の名称で貸付を行う生協（代表的な生協に1956年設立の宮崎信用生協がある）が設立され、岩手県でも1969年に県内の労働組合が中心となり岩手県消費者信用生協が設立された。その後各地の信用生協は消費者金融会社やクレジット会社の発展につれ解散が相次ぎ、貸付事業を専業とする生協は当生協だけとなった。

（2）生協法の改正と生活相談・貸付事業

2007年に生協法の改正が行われ、本則第13条に貸付事業が明記された。改正の背景には2006年の貸金業法改正により規制が強化された貸金業者が看板を変えて生協陣営に参入することを懸念し、生協にも貸金業と同等の業務規制が必要との国の政策判断があった。

他方、2007年に内閣府が発表した多重債務問題改善プログラムでは「借りられなくなった人への顔の見えるセーフティネット貸付」の担い手として社会福祉協議会の貸付制度と当生協が取り上げられ、生協制度による貸付事業の広がりも期待された。プログラムで当生協が取り上げられた理由は、県内市町

村、岩手弁護士会消費者問題対策委員会、地元金融機関が連携して多重債務の相談と貸付を行うネットワーク（消費者救済資金貸付制度；1989年創設）を構築し有効に機能していたことがある（補足資料1参照）。

　2010年日本生活協同組合連合会は「地域購買生協における生活相談・貸付事業」の調査研究に着手し、その研究結果をもとに2013年にみやぎ生協、2015年に生活クラブ生協・千葉が生活相談・貸付事業を開始した。尚、日本生協連の当初の調査研究の名称は「多重債務相談・貸付事業」であったが調査研究の過程で多重債務だけでなく生活困窮者の相談も増加していたことから「生活相談・貸付事業」に変更された。

　現在この事業を行う生協は、一部の職域生協を除き九州地方を中心に活動するグリーンコープ生協（5単協）を加え全国で8生協となっている。

（3）組合員以外の利用と事業区域の規制緩和

　生協は人と人との結合であり組合員への最大奉仕を原則としており、組合員以外の事業の利用や県境を越えての事業は原則禁止とされていた。

　環境問題や震災時対応など生協の社会的貢献への評価と期待が高まるにつれ生協への規制は緩和されていった。今日、自治体からの委託業務や生活相談・貸付事業の相談は組合員以外の利用が可能（行政庁による員外利用許可は不要）となった。また、貸付事業を行う生協も一定の要件のもとで隣接県での事業が可能となった。この規制緩和をうけて2010年に当組合は岩手県消費者信用生活協同組合から名称を消費者信用生活協同組合に変更し、青森県でも事業を開始した。

2　当生協のこれまでの経過と現状

（1）当生協と貸金業者の貸付残高の推移

　当生協の貸付残高と貸金業者（消費者向け）の貸付残高の推移は図5−1の通りとなっている。当生協と貸金業者の貸付残高の推移は同じ傾向を辿っているが、当生協と貸金業者は同じ貸付事業を営むもののその設立根拠法が異なりその歴史的経過や社会的背景も異なる。

図5-1　信用生協・貸金業者（消費者向け）の貸付残高の推移

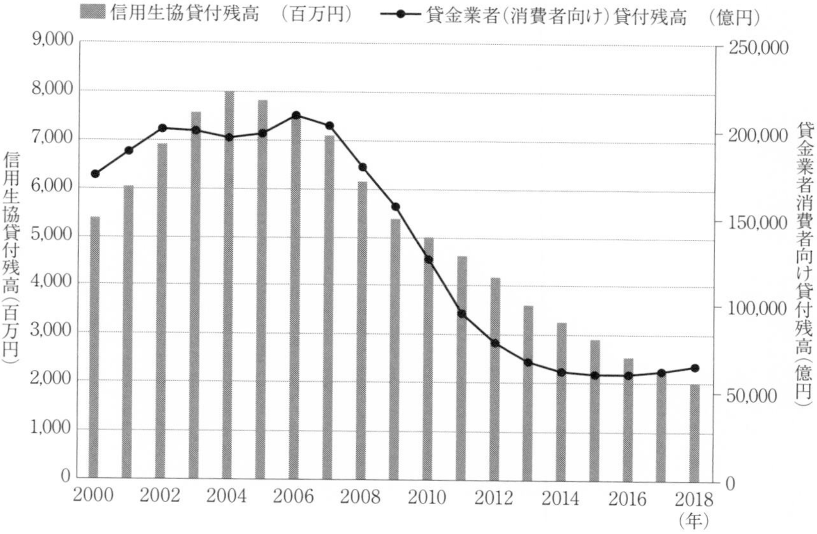

注：貸金業（消費者向け）貸付残高は各年の3月末実績。信用生協は各年度末実績。
出所：金融庁貸金業統計、信用生協内部資料

　以下、貸金業者のこれまでの動向を概観し、そのうえで当生協のこれまでの
事業の経過と現状を記す。

(2) 貸金業法等の改正と貸金業者の淘汰

　1980年代以降、「高金利・過剰貸付・過酷な取立て」というサラ金（サラリ
ーマン金融）問題が顕在化し、バブル経済崩壊後にサラ金は自らを「消費者金
融」と称しイメージの転換を図り急成長した。しかし過剰貸付体質は変わらず
自己破産者は急増しヤミ金被害も社会問題ともなった。

　当時の無担保消費者向け貸金業の利用者は約1,400万人（残高0を含む）、5件
以上の借入がある多重債務者は約230万人、平均借入額も約230万円に上って
いた（金融庁「貸金業法等の改正について：多重債務問題の解決と安心して利用で
きる貸金市場をめざして」より）。

　2006年にグレーゾーン金利を否定する最高裁判決により過払金返還請求が

急増した。上限金利・貸付総量・取立行為の3規制を柱とする貸金業法等の改正も行われた。

　その結果、過払金返還と金利収入の減少で廃業や倒産する貸金業者が続出した。貸金業者数は2000年の29,711社から2019年には1,716社と激減し駅前のサラ金ビルは一掃された。貸付残高も2006年3月期の約21兆円が2015年3月には6兆円に激減した。2016年以降は貸金業者数、貸付残高とも減少が止まり、貸付残高は増加に転じている。

　今日、5件以上の借入のある多重債務者は13万人に減少し貸金業法等の改正は大きな成果を上げた（金融庁貸金業統計及び指定信用情報機関CICの貸金業統計資料2020年3月期より）。

（3）当生協の多重債務問題解決への取り組み

　当生協では1980年代に入り多重債務の相談が目立つようになり、債務整理資金の貸付も増加してきた。1989年に消費者救済資金貸付制度が創設され、自治体の預託金により急増する資金需要を安定的に賄うことが可能となった。

　相談者数は1996年に年間2,000件を超えて以降、2004年から2008年にかけて5,000件を超えた。過酷な取立てに苦しむ相談も多く、対処が急がれることから弁護士・司法書士とともに当生協の相談室で週2回の無料法律相談会や夜間相談会、土日のヤミ金被害相談会、自治体との連携で地域相談会も開催した。

　当生協の貸付残高は2004年度末に79億円となった。貸付の大半は、高金利の複数の貸付を一本化し、金利負担の軽減と利息再計算による元本減額により家計収支の改善を図る借り換え資金であった。

　また、県内主要都市で「消費者契約法」「貸金業法改正」「多重債務の解決方法」等をテーマに学習講演会を開催し被害防止と啓発にも努めた。

（4）東日本大震災の対応

　2011年東日本大震災で当生協も大きな痛手を受け、亡くなった組合員は32人、被災組合員も多数に上り信用生協釜石事務所も津波で全壊した。

　当生協は返済中の被災組合員265人（貸付残高3億3千万円）に対して生活再

建するまでは返済猶予とし、その期間の利息計算を停止した。また、「被災者支援制度の概要」を一万部作成し沿岸地域組合員と避難所に無償配布した。4月には釜石事務所を移転し業務を再開し、被災者支援の公的貸付や給付制度を案内し、当生協は公的制度を利用できない場合や公的貸付や給付までの「つなぎ資金貸付」（金利は無利息〜3%）を実施した。

　当生協の2011年度決算で貸倒処理と貸倒引当金の計上で当期剰余金は2億円を超す損失となった。その後、生活再建が進むにつれ1年後には多数の組合員が一括繰上げ返済を行い、返済猶予を続ける組合員は20人にとどまった。被災による困難を抱えながらも組合員は当生協への返済を優先した。その結果、2012年度決算では2億円の貸倒引当金戻入益が発生した。結果的に震災による貸倒処理は5千万円程度となった。

(5) 相談件数・貸付件数の減少

　2006年以降、多重債務問題の解決に国を挙げて取り組むこととなり、自治体や消費生活センターなどの相談体制が大幅に拡充されたことで当生協への多重債務相談は減少していった。また、特定調停・個人再生手続きなどの法的整備や過払金返還請求も広がり、債務整理の際に貸し付けせずに迅速に解決が図られるケースが増加した。その結果、今日の当生協の年間相談件数は約2,000件程度、貸付残高も20億円弱となった（補足資料2参照）。

　残高の減少は事業収入の減少に直結することから、これまで経費削減や自治体の業務委託事業に取り組み、震災のあった2011年度を除き剰余金を確保し、組合員に利用高割戻し（当生協の利息収入の一部を還元することで金利の引下げとなる）と出資配当を継続してきた。

　貸金業法改正以降の当生協の相談件数と貸付件数の推移は図5-2の通りとなっている。

　相談や貸付件数の推移に比較し貸付残高の減少幅が大きくなった。不動産担保貸付が生協法改正で原則禁止となったこと、小口生活資金が増加し平均貸付金額が200万円から100万円前後まで低下したこと、償還期間も短縮され償還額が貸付額を上回り続けたことがその理由である。

図5-2　信用生協　相談件数と貸付件数の推移

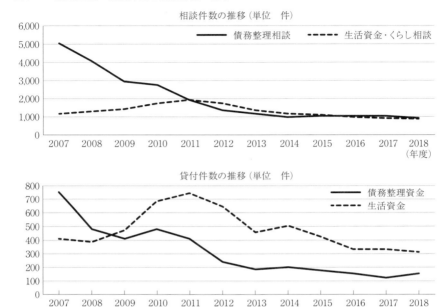

相談件数の推移（単位　件）

債務整理相談　----- 生活資金・くらし相談

貸付件数の推移（単位　件）

債務整理資金　----- 生活資金

出所：信用生協内部資料

(6) 生活困窮者への支援

　多重債務相談が減少した反面、生活資金に苦慮する生活困窮者の相談が増加したことから「多重債務相談会」の名称を「お金とくらしの安心合同相談会」に変更し、盛岡市消費生活センター、社会福祉協議会、弁護士会消費者問題対策委員会とともに開催した。この当生協と地域の生活支援関係機関・団体との合同相談会は盛岡市以外にも広がっていった。県の委託を受け経済的な理由による自殺防止を目的に電話相談事業「お金の悩みホットライン」も開設した。

　2009年度に生活資金の貸付件数が債務整理資金の貸付件数を上回った。そこで2010年に自治体の預託金を貸付原資に資金使途を生活資金とする生活再建資金貸付制度を創設し、債務整理資金の貸付金利より1%程度の引き下げを図った。

　生活困窮者自立支援法に基づき2017年度から青森県の委託を受け家計改善

支援事業も開始した。2019年度からは岩手県の委託事業として「語り合い空間」（ギャンブル依存症のグループカウンセリング）を開設した。

（7）当生協の相談者の属性の変化

相談者の属性はこの15年で変化した。貸金業法改正前の2003年度、改正法全面施行時の2009年度、2018年度とそれぞれの相談者の属性変化をその構成比や借入額の推移でみる（相談件数は新規面談件数のみ）。

①相談者の年代別構成比（％）の推移

2003年度は20代と30代の相談者の構成比は全体の5割以上を占めていたが多重債務問題が解消されるにつれて3割台に減少し、最近は40代以上の層の相談者が全体の6割を占める（表5-1）。

表5-1　年代別構成比　　　　　　　　　　　（単位　％）

年代別	2003年度	2009年度	2018年度
20代	24.6	15.5	11.1
30代	27.4	26.1	20.7
40代	23.0	24.0	30.7
50代	16.6	22.6	21.3
60代	6.7	8.9	12.3
不明	1.7	3.0	3.9

出所：信用生協内部資料

②相談者の年収別構成比（％）の推移

無収入を除く年収300万円以下の相談者の構成比は57.7％、62.3％、65.9％と増えている。他方、2018年度の無収入の相談者が大きく減少している。背景に2015年に制定された生活困窮者自立支援法による自立支援相談窓口の整備がある（表5-2）。

③相談者の借入動機別構成比（％）の推移

相談者の借入の主要な動機（原因）をみると浪費を原因とする借入は減少しており、借金返済のための借入も減少した。他方、生活費の補塡のための借入

表5-2　年収別構成比　　　　　　　　　　　　　　　　（単位　％）

年収	2003年度	2009年度	2018年度
無収入	14.3	15.1	6.9
200万円以下	34.3	37.2	35.7
201〜250	11.6	13.4	15.9
251〜300	11.8	11.7	14.3
301〜350	7.2	5.4	6.8
351〜400	6.7	6.0	7.1
401〜450	4.1	3.0	4.0
451〜500	3.3	3.1	3.8
500万円以上	6.6	5.0	5.8

出所：信用生協内部資料

表5-3　借入動機別　　　　　　　　　　　　　　　　　（単位　％）

借入動機	2003年度	2009年度	2018年度
遊興・飲食・交際	22.6	16.6	13.6
贅沢品・物品購入	10.1	8.2	5.7
生活費の補填	25.5	38.9	49.4
医療・冠婚葬祭	8.0	7.1	11
賠償・保証債務	12.7	10.4	4.6
借金返済	11.8	7.9	6.2
事業資金	6.5	9.7	4.5
その他	2.9	1.3	4.9

注：構成比は各年度の相談者、2003年度4,667人、2009年度4,098人、2018年度は多重債務相談者
　　1,069人の属性をもとに算出。
出所：信用生協内部資料

をした人が5割近くに増加している（表5-3）。

④相談者一人当たりの借入先別の平均借入額の推移

　相談者の平均借入額の推移では、消費者金融会社からの借入は267万円から50万円と激減し、銀行ローンとクレジット会社（物品購入）からの借入が増加している。税金の滞納も増加した（表5-4）。

表5-4　借入先別平均借入額　　　　　　　　　　　　　　（単位　万円）

借入先	2003年度	2009年度	2018年度
消費者金融会社	267	123	50
クレジット会社（物品購入）	49	43	62
クレジット会社（キャッシング）	54	70	45
銀行（カードローン等）	94	96	116
住宅ローン	222	210	227
個人からの借入	18	20	24
税金等の滞納	4	1	30
その他	36	44	46
合計	742	607	601
住宅ローン除外	520	397	374

注：平均借入額は該当年の相談者全員の借入先別の借入額の合計を相談者数で除して算出した。
出所：信用生協内部資料

3　当生協の貸付事業の特質

(1) 当生協の貸付の特質は次の6点にまとめられる。

①貸付事業の目的は生活再建

　貸付が目的ではなく、お金や家計に関する相談を通してくらしの改善と向上を図ることが目的であり、貸付はそのための手段（選択肢）の一つである。従って貸付は生活再建や家計改善に役立つ場合に行われる。貸付以外に適切な対処法がある場合はその方法が優先される。

　そのため相談員の業務指標は、実行率（貸付申込件数に対して貸付を実行した割合）だけではなく解決率（相談件数に対して貸付を含む相談者の主訴を解決した割合）も重視して相談スキルの向上に努めている。2018年度末時点の年間の実行率・解決率は表5-5の通りとなっている。

　債務整理資金の実行率が低いのは貸付以外の方法を選択する場合が多いことによる。弁護士による任意整理、特定調停や自己破産等の法的整理、訴訟などがある。また、債務整理相談は時間がかかるため継続中の割合が高くなる。生活資金相談では当生協の貸付以外に社会福祉協議会や自立支援相談窓口など他制度・他機関への紹介・誘導が行われている。結果として全相談者の約5割が

表5-5　貸付実行件数（率）と解決件数（率）

	相談件数	実行件数（率）	解決件数（率）	相談継続中（率）
債務整理相談	914件	157件（17.18％）	445件（48.68％）	253件（27.68％）
生活資金相談	630件	313件（49.68％）	351件（55.71％）	80件（12.69％）
合計	1,544件	470件（30.44％）	796件（51.55％）	313件（20.27％）

注：2018年度相談件数1,544件に対する貸付件数、解決件数、相談継続件数とその割合。解決件数には貸付件数を
　　含む。尚、この相談件数にはくらしの相談（相続や離婚など254件）は含まず。
出所：信用生協内部資料

何らかの方法で解決が図られ、2割が相談継続中となっている。最近は相談内
容が複雑化しており、相談の長期化や解決が困難なケースが増加している。

②他制度優先の貸付制度

　当生協より金利が低い社会福祉協議会等の公的貸付制度、生活保護制度等の
各種給付制度を優先して案内し、貸付条件等で制度を利用できない場合に当生
協が貸付を検討する。社会福祉協議会と相互に相談者の紹介・誘導が行われる
場合が多い。

③生活再建の支援・協力体制づくり：連帯保証人と家計管理人制度

　生活再建は本人だけでは限界があり、家族の支援や協力が不可欠な場合が多
い。そのため貸付に際し同居家族や親族が連帯保証人となり、借主の生活を身
近に見守り生活再建の支援者の役割を担う。返済困難となった場合は、その原
因と対策を考え貸付条件の見直しなど当生協での再相談に借主と一緒に参加す
る。連帯保証人は借主が行方不明などの場合に返済義務を負うがその場合でも
一括返済ではなく実情に応じた弁済をお願いしている。無職の配偶者は弁済義
務のない家計管理人として借主の伴走者の役割を担う。当生協は配偶者に隠し
ての貸付は行わない。

④組合員平等の金利

　金融機関や貸金業の世界は、高収入の人ほど低金利で多額の借入が可能であ
り、低収入の人ほど高金利で少額しか借りられないという逆進性が特徴であ
る。当生協は組合員の収入や資産などにかかわらず同じ金利が適用される。

⑤資金使途と送金先を限定

　当生協の貸付に使途自由なフリーローンはない。カードを発行し限度額内で
繰り返し借入ができる極度契約貸付も行わない。資金使途と貸付金額の根拠を

明確にした契約証書貸付だけである。貸付金の送金も原則として本人口座への送金ではなく資金使途別に送金が行われている。

⑥生活支援室による「債権管理」

当生協の「債権管理」は生活支援室が担う。返済困難となった事情や今後の生活の見通し、改善策を連帯保証人や家計管理人含めて再相談を行っている。滞納が発生してから「本当の相談」が行われることもある。実情に応じて返済猶予や貸付条件の変更（返済額の減額・金利減免等）を行う。この条件変更の件数は総貸付件数の約2割に上る。貸付条件の変更は貸倒引当金の積み増しとなり物件費の増加につながる。しかし、予期せぬ病気や事故、失業などは誰にでも起こりうる。家計の変化に対応した柔軟な「債権管理」が最終的に完済に至る場合が多いことは当生協の経験則である。貸倒率の最近の推移は表5-6の通りである。

表5-6　貸倒償却額と貸倒率の推移　　　　　　（単位　千円・％）

	貸倒償却額	貸付残高	貸倒率
2014年度	13,263	3,252,543	0.41
2015年度	10,008	2,917,962	0.34
2016年度	2,442	2,552,259	0.10
2017年度	11,651	2,190,567	0.53
2018年度	1,891	1,985,979	0.10

出所：信用生協内部資料

（2）貸付が行われる主なケース

当生協の生活資金が貸付に至る主なケースは次の通りに分類される。

①信用情報機関に事故情報が登録され金融機関等から借入ができない場合

過去に支払いが遅れたため車のローンを申込んだが断られた、事業の失敗で自宅を処分するが引越費用がない、などの場合に貸付が行われている。債務整理や過去の返済履歴で信用情報機関に事故情報として登録されると、家計が改善していても最低5年間は新たな借入が困難となっている。

②公的貸付制度の条件に該当しない場合

公的貸付制度（生活福祉資金、母子父子寡婦福祉資金、年金担保貸付等）の所得要件や資金使途、貸付限度額などの貸付条件に該当せず借入ができない場合に

貸付が行われる。また、公的貸付制度は増額貸付の仕組みがないため、既に借入残高があり急な資金需要が発生した場合などにも対応している。

③公的貸付や給付までのつなぎ資金

　急な資金需要で公的貸付や給付制度に申込んだが時間がかかり間に合わない場合につなぎ資金として貸付が行われる。被災者の引越費用補助金などは領収書が申請必要書類となっており、手持ち資金がない場合に生協が貸付を行い補助金が支給された段階で生協に返済が行われる。

④その他

　大学卒業を控え就職も決定したが親の失業で4年の後期授業料を払えず卒業証書がもらえない、家族が病死し葬儀費用が足りず銀行から高齢を理由に断られた、など突発的な資金需要に際し金融機関等から借入ができず困っている場合の貸付も多い。

　債務整理資金の貸付に至る主なケースは次の通りとなっている。

①複数の借入を一本化することで家計の改善が図られる場合

　貸付金利は消費者金融が年利18%台、銀行カードローンは14%台、クレジットのリボ手数料も15%台が多い。借入件数も多いほど月返済額が多額となる。高い金利で複数の借入があり借入の一本化で月々の返済額と金利負担（生協は9%台）が減り、家計収支の改善と返済が可能な場合に貸付が行われる。尚、過払金がある場合は過払金返還請求を優先している。

②水道光熱費など債務整理で解決できず貸付が必要な場合

　水道光熱費の滞納、家賃、携帯電話料金等の滞納は供給停止など生活に支障をきたし、法的整理では解決できない場合が多い。その場合に貸付で滞納解消が図られている。また、税金滞納の場合は分納（返済期間は1～2年）が原則であるが、分納では毎回の返済額が多額となり家計が回らない場合に限り貸付が行われる。その場合は延滞税を除外して貸付を行っている。

③その他

　滞納したため給与が差し押さえられ、その毎月の金額が多く家計が回らないため差押えを解除するための資金、多額の負債を退職金で一括返済をするため退職までのつなぎ資金、親の自宅が競売となり競売を取下げるための資金、交

通事故の罰金を期日まで支払いできない、など様々な事情で債務整理資金が必要な場合に当生協の貸付が利用されている。公的貸付制度にはこのような資金使途はないのが現状である。

　以上、当生協の貸付（生活資金・債務整理資金）は、金融機関等からの借入や公的貸付制度の貸付要件に該当しない場合に貸付が行われており、生活の維持・改善に役立ちヤミ金被害の防止にもつながっている。

4　当生協をめぐる事業環境と事業課題

（1）今後の事業環境の動向

　当生協は生活相談と貸付を通して組合員と地域住民の生活支援を行ってきた。相談や貸付の内容は社会・経済の変化により大きく変化した。今後も社会・経済と家計の変化に当生協の事業も対応し続ける必要がある。そのため、最近の当生協に関わる事業環境の動向を考察する。

①クレジット会社・消費者金融会社・銀行（カードローン）の動向

　それぞれの貸付残高と返済困難となり信用情報機関に異動情報（滞納3か月以上の事故情報）として登録された人数の動向を表5-7と表5-8にまとめた。

　クレジット業界は、国のキャッシュレス普及政策とクレジット会社の積極的な「リボ払い」の推奨で好況を呈している。信用供与残高（12月末時点で返済されず残っている利用残高）は30兆円規模までに増加している。クレジットはカードを発行し限度額の範囲内で繰返し後払いの買物をする包括クレジットと個品ごとに契約を取り交わす個別クレジットの2つにわけられる。この包括カードでの返済方法である「リボ払い」は毎月の返済額を一定にできる便利さがある。他方、その手数料は年利15％前後と高く、「リボ払い」で買物を続けると借入残高は多額になり易い。当生協にも「いつの間にか限度額一杯となり返済が大変」との相談が増加している。異動登録人数も増加が続いている。

　貸金業者（消費者向け）の貸付残高は貸金業法改正により減少していたが2016年以降は減少に歯止めがかかり増加に転じた。業者数も大幅に減少し、大手4社による寡占化が強まった。異動登録人数はクレジット業界と異なり増加傾向にはない。総量規制など法令順守の反映とみられる。

表5-7　クレジット会社信用供与残高と貸金業（消費者向け）・銀行カードローンの貸付残高の推移

（単位　億円）

		2014年	2015年	2016年	2017年	2018年	2019年
クレジット会社信用供与残高	包括クレジット	85,797	92,804	100,227	110,384	124,093	―
	個別クレジット	133,692	142,485	151,241	159,350	170,908	―
	合計	219,489	235,289	251,468	269,734	295,001	―
貸付残高	消費者向け貸金業	62,287	60,148	60,627	62,179	64,882	69,233
	銀行カードローン	44,390	49,534	54,445	57,481	56,995	54,434

出所：日本クレジット協会「日本のクレジット統計」、金融庁貸金業統計「消費者向け貸付残高」、日本銀行統計
　　　資料国内銀行カードローンより

表5-8　クレジット（包括・個別）・貸金業の異動登録者人数の推移

（単位　万人）

		2014年	2015年	2016年	2017年	2018年	2019年
異動情報登録人数	包括クレジット	90	94	97	102	105	108
	個別クレジット	194	215	229	242	252	268
	貸金業	404	404	410	412	414	410

出所：指定信用情報機関CIC 各年3月時点のデータより

　銀行カードローンは貸金業法改正後、消費者金融会社を保証会社として貸付を増加させたが、その後過剰貸付との批判が高まり銀行協会による自主規制と金融庁の監督強化により貸付残高は減少に転じた。

②ヤミ金の動向

　暴力的な取立てを行うヤミ金は減少したが、貸金業法の規制を逃れるために「個人間融資」や自営業者やサラリーマンを標的にした「ファクタリング業者」を装って法外な利息をとる新たなヤミ金が登場した。総量規制の厳格化・銀行カードローン規制により借り入れできない人の増加が背景にある。

③年金担保貸付制度の廃止

　福祉医療機構による年金担保貸付は2022年3月で廃止となる。以前は1,000億円を超す利用があったが貸付条件を変更することで残高の縮減を図り、現在は10万人が利用し500億円の残高がある。廃止後の受け皿に社会福祉協議会を予定しているが、当該制度は公的資金を原資としており対象は住民税非課税世帯の低所得者に限定される。年金担保貸付の利用者の半数は住民税課税世帯であり、制度が廃止された場合他からの借入が困難とする利用者は9割に上る（福祉医療機構年金担保利用者1万人アンケートH27年度調査より）。廃止後、家計のゆと

りのない高齢世帯で突発的な資金需要が発生した場合に貸付の受け皿の不足が懸念される。

④過払金返還請求の終焉

　2006年最高裁判決により20％を超える利息は無効とされ、この間7兆円を超える過払金（利息返還額と利息再計算による債務免除額の合計）が貸金業利用者に還元された。しかし過払金は完済後10年で時効となるため過払金返還請求は終息を迎える。今後は利息の再計算で元金を減らす債務整理の手法が困難となる。借入金額が少なく件数が多い場合は貸付による解決が増加するものとみられる。

⑤家計の負債は増加

　二人以上の世帯（勤労世帯）は、負債現在高（平均値）が821万円と前年比で27万円、3.4％の増加。負債年収比（負債現在高の年間収入対比）は112.6％と前年比で2.6ポイント上昇し、その傾向は続いている（図5-3）。

図5-3　家計の負債年収比の推移と負債現在高の推移

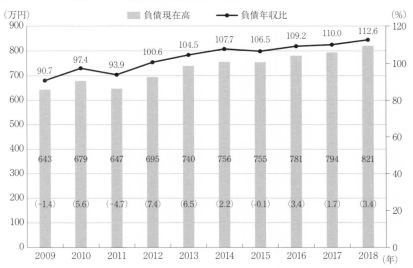

注：負債は住宅ローン、公的及び民間からの借入れ、月賦・年賦すべての合計金額。（　）内は対前年増減率（％）。
出所：総務省家計調査報告（貯蓄・負債編）－平成30年（2018年）平均結果（二人以上の世帯のうち勤労者世帯）より転載

⑥債務整理件数の増加

　貸金業法改正以降、減少傾向にあった自己破産件数は2016年から増加に転じている（表5-9）。当生協の債務整理相談も増加してきた。

表5-9　自己破産件数等の推移　　　　　　　　　　　　　　　　（単位　件）

	2014年	2015年	2016年	2017年	2018年	2019年
自己破産件数（自然人）	65,189	63,844	64,637	68,791	73,084	73,095
個人再生事件	7,667	8,476	9,602	11,284	13,210	13,594
督促事件	248,477	236,492	275,165	296,159	329,120	304,354

出所：最高裁司法統計

（2）当生協の事業課題

　当生協は組合員の共済を図る事業としての特質から、貸金業者と比較して事業を継続するためには格段の工夫と努力が求められている（表5-10）。

　当生協は無料の面談相談を原則とし、貸付に至らずとも弁護士相談や他の機関・団体に誘導し相談員が同行することも多い。そのため「ネット完結」やAIによる審査などを行う貸金業者に比べるとそのコスト構造が大きく異なり、当生協は人件費率が高くその削減も困難となっている。また当生協の貸付金利は貸金業者の18%台や銀行カードローンの14%台より低い9%～8%である。貸付金利を上げることなく事業の安定継続を図るため以下の方策を検討している。

表5-10　生協と貸金業者の主な相違点

	生協	貸金業者
貸付上限金利	年利12%以下	年利20%以下（貸付金額により異なる）
保証会社付の貸付	禁止（貸倒リスクの外部化禁止）	可能
事業区域	隣接県までに限定	全国での営業可能
契約方式	証書貸付契約に限定	証書貸付契約・極度契約（カード発行）の両方式可能

出所：信用生協内部資料

①資金調達の多様化

　当生協の資金調達先は組合員出資金と銀行借入である。預託金は当生協への補助金ではなく自治体が直接金融機関に預け、預託金の等倍（生活資金）また

は4倍（債務整理資金）の貸付原資を金融機関が当生協に融資する仕組みである。これは貸付原資を確保する制度であり調達コストの直接的な引き下げにはつながらない。今後は組合債の発行など資金調達方法の多様化を図る中で調達コストの削減を図っていく必要がある。

②システム関連コストの削減

貸付事業は一連の業務のシステム化（機械化）が可能であり、システム構築は規模のメリットを生かしやすい。そのため、生活相談・貸付事業を実施している生協同士で貸付事業システムの共同利用（サーバーの共同利用にとどまらず、保守メンテナンス、ソフトの改修・開発なども含む）によるコスト削減を呼びかけていきたい。

③家計改善支援事業等の業務委託

家計改善支援事業を自治体から委託をうけることは相談コストの軽減につながる。家計改善支援事業は貸付事業を行う生協への委託を可能としており、当生協が行う家族含めた家計収支と問題点の把握、家計収支の改善に向けたアドバイス等は家計改善支援事業の内容と重なる。

5　当生協が果たす役割

（1）当生協の貸付の役割

この間の相談件数や貸付残高の減少は当生協の存在意義が減少したことを示すものではない。社会的課題が多重債務問題から生活困窮問題に大きく変化し、関連する法制度なども変化してきたことが背景にある。

「社会的弱者に対する貸付による生活支援」という当生協の創立の原点を引き継ぎつつ、今日の社会・経済と組合員のくらしと家計の変化に対応して当生協が果たすべき役割を次の2点に整理した。

①「貸付のセーフティネット」の役割

家計の負債は増加しており、クレジットのリボ払いを利用し返済が困難となっての相談が増加している。貸金業の総量規制の浸透、銀行カードローンの規制強化、年金担保貸付制度の廃止など貸付チャンネルの縮小も見込まれている。

　多重債務問題とは異なる家計改善や債務整理の相談、そして借りられなくなった人の貸付に関する相談窓口は今後とも必要とされる。当生協は引き続きくらしと家計の相談と、借入のできなくなった人々の「貸付のセーフティネット」としての役割を担い、「個人間融資」「給与ファクタリング」などの新たなヤミ金被害防止に貢献する。

④「福祉的貸付」の担い手の役割

　角崎洋平氏（現日本福祉大学准教授）は2015年日本生協連生活相談・貸付事業研究会での講演で、「家計改善のため転居したい」「就職が決まり通勤の車が必要」「高金利を借り換えで自力返済したい」「専門学校で技術を身につけたい」など、多様な人生の夢や希望が借り入れできないことで閉ざされることをなくす貸付を「福祉的貸付」と名付けた。そして「福祉的貸付」を行う貸し手は、当初の返済条件の履行を強要せず借手の生活のスピードに合わせ、借手の人生に伴走する姿勢が重要であるとした。

　当生協は、組合員や地域住民の夢や希望を実現するための手段（選択肢）としての「福祉的貸付」を実施する役割を担っていく。

（2）おわりに

　今日の日本社会において公的貸付制度の利用条件に該当せず、他方で金融機関からの借入も断られる「制度の谷間」に悩む人々が存在する。当生協は、「貸付のセーフティネット」と「福祉的貸付」の役割を担いこのような人々に対する「金融の社会的包摂」を実現する社会資源となっている。

　2020年、新型コロナ感染症の拡大に伴い未曽有の経済的・社会的困難に直面している。当生協だけで組合員・地域住民のくらしと家計の改善・向上を図ることはできない。消費者救済資金貸付制度が有効に機能した経験に学び、地域の生活支援関係団体・機関との連携を一層強めることで地域社会への貢献を力強く果たしていきたい。

補足資料1　消費者救済資金貸付制度

　多重債務問題は当初、「借金は個人的問題」「借金は自己責任であり行政が関与すべき問題ではない」とする風潮が根強くあった。しかし盛岡市は全国でも

いち早く市民の多重債務相談を行っていた。また、多重債務問題に熱心に取り組む弁護士も存在した。消費者救済資金貸付制度はこの盛岡市と弁護士と当生協が連携して創設した制度である（図5-4）。そして多重債務問題は個人の問題ではなく経済的・社会的・構造的な問題であるとの認識が広がり、提携する自治体が県内全市町村に広がっていった。

図5-4　消費者救済資金貸付制度概要　（当生協HPより転載）

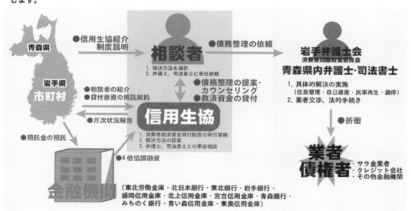

補足資料2　セーフティネット貸付と過払金・銀行カードローン

　国は多重債務問題の深刻化を背景に、貸金業者の価格（金利）と量（貸付総量）も規制する世界的にも例のない法改正を行った。また当時の貸金業利用者は1,400万人を超え、借り入れできなくなる人のヤミ金被害も懸念されたことから、多重債務問題改善プログラムにおいて「借入のできなくなった人のためのセーフティネット」として社会福祉協議会や生協の貸付を位置付けた。改正

後、貸金業者の9割以上が淘汰され、消費者金融会社の残高も約12兆円から2兆円台へと10兆円近くも激減したが大きな社会的混乱もなく推移した。他方、セーフティネット貸付の利用は増加しなかった。

　この背景に消費者金融会社の失われた残高を「過払い金」（10年間で約7兆円）と銀行カードローンの増加が埋め合わせたことが大きい（図5-5）。

図5-5　過払金・銀行カードローン・消費者金融会社の残高の推移

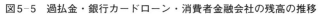

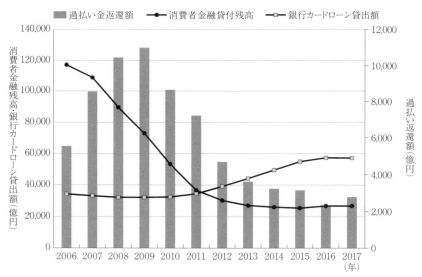

注：過払金返還額は利息返還金と利息返還に伴う債務免除額の合計金額。銀行カードローン貸出額は該当年の12月末残高。消費者金融残高は無担保消費者向貸金業者の該当年の3月期の残高。
出所：日本貸金業協会統計資料、日銀統計資料、金融庁貸金業統計

コラム6

債務問題と破産

　多重債務が日本における金融排除の典型的な問題として指摘されたのは2000年前半である。同じ時期に多重債務は社会的な問題となり、2006年には貸金業法が成立（2010年10月に完全施行）する等、規制策が強化された。

　その後の動向をみると、指定信用情報機関である日本信用情報機構が把握する貸金業法対象情報のうち、「無担保無保証」の債務で「残高がある者の借入件数毎の登録状況」「5件以上」の者は、2007年3月の171万人、2012年3月は44万人、2017年3月は9万人と大幅に減少している。また、最高裁判所が公表する「司法統計」の「破産新受事件件数」をみても、自然人の自己破産件数は、2006（平成18）年度が16.6万件、2011年度は約10万件、2016年度は約6.5万件となり、やはり減少傾向にある。ちなみに、破産事件の理由等について、日本弁護士連合会消費者問題対策委員会『2017年破産事件及び個人再生事件記録調査』をみると、その「負債原因」は、2002年調査以降（2005年調査・2011年調査等を含む）、「生活苦・低所得」が最も高く一貫して6割を超えている。

　これらの数値をみると、経済的な原因によって破産する傾向は変わらないが、多重債務問題は縮小してきたようにみえる。

　しかし、気になる兆候がある。まず、破産の件数は2000年代前半より下回っているが、1990年代前半よりも多い。また、破産の件数は、実は2015年度が約6.4万件であり、2016年度は微増していたのであり、2017年度は約6.9万件、2018年度は約7.3万件と緩やかに増加している。日本信用情報機構が示す無担保無保証の借入件数「5件以上」の登録者数も2020年3月で9.6万人であり、やはり増加している。この背景には貸金業法が定めた総量規制（貸出総額に係る制限）の対象とならない「銀行カードローン」の普及があると考えられている。このように、新たな金融商品の開発や社会経済情勢の変容により、債務問題はかたちを変えて再燃するおそれがあるため、引き続き注意を払う必要がある。（野田　博也）

第6章
生活サポート基金による取り組み

久保田　修三

1　一般社団法人 生活サポート基金について

○所在地　〒162-0823 東京都新宿区神楽河岸1-1　セントラルプラザ6階
○役員体制　理事9名（構成:常勤理事、生活クラブ生活協同組合、パルシステム生協連合会、一般社団法人くらしサポート・ウィズ、明治大学教授）、監事1名
○業務体制　職員9名（東京都生活再生相談員8名、生活サポート基金貸付1名）
○登録等　貸金業登録:東京都知事（2）第31633号
　　　　　　第二種金融商品取引業登録:関東財務局長（金商）第1976号
○主な事業
　(1) 東京都の多重債務者生活再生事業での相談及び貸付あっせん
　(2) 生活サポート基金の生活再生ローン事業及び個人再生ファンド募集事業
　(3) 家計相談等研修事業
　(4) 福祉関連事業 ①住居排除者向けアパート管理・居住支援、②福祉事業向け不動産賃貸業

2　生活サポート基金立ち上げから現在までの経緯

（1）めざした東京での相談・貸付の生協づくり

　2004年5月に首都圏の生協関係者等が集まり、岩手の信用生活協同組合（現在の消費者信用生活協同組合）をモデルとした新たな生協を首都圏につくることを話し合ったのがスタートである。世界でのグローバル化と政府の新自由主義の政策推進により格差が拡大し、生活困窮や貧困が大きな社会問題となると考えたからだ。当時は、消費者金融のコマーシャルがテレビにあふれ、誰でも借りられるというイメージが定着する一方で、借入後に病気等のライフイベントの変化により返済が滞り、定期的な収入があるにもかかわらずどこからも借り入れできなくて困る方がたくさん出はじめた。そのような金融排除にあっている方の支援として貸付と相談を一体で展開し、自治体との連携も視野において進める生協事業の構想だった。

　生協認可に向けて東京都と折衝を進めたが、生協での貸付事業は認められないとの回答により、当初の構想を断念し、相談を中心とする生協と貸付をする組織の二つの連携による事業に修正した。

　新たな生協は、「生活サポート生活協同組合・東京」で2005年11月に設立、翌年12月に都の認可を取得し、その後2017年「一般社団法人くらしサポート・ウィズ」に改組し、現在は、生活総合相談、居住支援、人材育成事業を展開している。

　貸付の組織は、「有限責任中間法人生活サポート基金」で2005年12月に設立し、個人向け貸付事業を開始し、2009年に「一般社団法人生活サポート基金」となった。

　これらの取り組みは、主に生活クラブ生活協同組合（東京）とパルシステム生活協同組合連合会、信用生協、意志ある大学教授や司法書士の方々により進められた。2つの生協と司法書士から人的・経済的支援を受け、特に相談・貸付のノウハウは消費者信用生協の全面的な協力を得て実現したものである。

（2）非営利の市民金融の開始

　生活サポート基金は、2006年2月に貸金業登録を行い、9月から生活再生ロー
ン事業を開始した。貸付は個人向け証書貸付に限定した目的融資で、目的先
への直接送金を基本とする。連帯保証人も求めるが、相談者の生活再生の伴走
的な役割も期待している。生活再生ローンの年利は12.5％だが、2016年に不動
産売却つなぎ融資の場合は貸し倒れリスクが少ないと判断し6～9.5％に設定し
た。利率は事業継続のために必要経費から算出した。

　貸し付けするための原資は、資金提供してくれる金融機関がなかったため当
初関係者からの借入を充てていたが、すぐ不足の事態となった。そのため
2008年7月に第二種金融商品取引業を登録し、匿名組合契約に基づく「個人再
生ファンド」を組成して広く募集を開始し、3億円以上の貸付原資を確保した。
このようにして市民からの拠出金をもとにした市民向けの金融包摂事業のスキ
ームができあがった。現在、国内の非営利の一般社団法人で貸金業登録と第二
種金融商品取引業の両方を登録して金融事業をしているのは生活サポート基金
だけである。

（3）公的事業への参画

　貸付機能を持つ生協づくりは認可の壁に
阻まれたが、2006年の貸金業法改正時に
相談機能の充実とセーフティネット貸付の
推進を謳われたことにより、都道府県によ
る多重債務者救済事業が開始されることと
なった。そして東京都も2008年に15億円
の税金を基金とした貸付機能を持つ多重債
務者生活再生事業（以後、都再生事業とい
う）を立ち上げた。

　先行して多重債務者救済の相談・貸付事
業を開始していた生活サポート基金がこの
事業の相談部門を担い、貸付機関となる中
央労働金庫に貸付あっせんの役割も持つ提

写真6-1　東京都生活再生相談室入口

携事業を開始することとなった。生活サポート基金にとって初めての公的事業への参画で、その後の法人の取り組みにも大きな位置を占めることとなった。

　2008年のリーマン・ショック後、相談者を取り巻く環境は、経済不況、雇用の悪化により、2010年の改正貸金業法の完全施行以降は多重債務問題から生活困窮問題へと比重が移っていった。2015年には生活困窮者自立支援法（以後、困窮法）が施行され、福祉事務所設置自治体に相談窓口が開設されたが、生活サポート基金が行う都再生事業の東京都生活再生相談窓口（以後、都再生相談窓口）は、困窮法に基づく自立相談支援・家計改善支援窓口のスーパーバイズとして位置付けられ、困難事例や多重債務を抱える相談の受け入れ先としても機能することになった。また、都独自の家計改善支援員養成研修の講師を務め、家計相談のスキルを持つ生活サポート基金が公的事業に欠かせない役割を担うまでになり、現在に至っている。

3　生活サポート基金の取り組みの事例紹介

【事例1】学費等を貸し付けて家計ショートを回避した例
40代男性（会社員）、40代妻（パート）、子ども（私立高3年）、子ども（公立中2年）
○収入：夫・年収700万円、手取42万円／月、妻・手取7万円／月
○負債：住宅ローン1,540万円（月12万円）、個人再生7社100万円（月3万円）、
　　　　高校学費15万円
○相談内容
　高3の子が専門学校に合格し、入学金と前期授業料78万円を2か月後に支払う必要があるが準備できない。日本学生支援機構の奨学金は申し込んだが、入学後からの受領のため間に合わない。さらに相談者の通勤に必要な車の車検費用も準備できていない。社会福祉協議会の融資は世帯年収で基準を上回る。
○解決策
　学費だけを貸し付けても、その他の費用を払える目途が立たないため、専門学校学資78万円、高校学費15万円、入学時PC代等33万円、車検代10万円の合計136万円を生活サポート基金で貸し付け。専門学校入学後は、子どもが自

身の携帯代を払うなど、家計の見直しも実施。改善後の家計表では、車検、自動車税、家のメンテナンス費用のための貯金を見込んでも余剰が出るため、奨学金の減額や余剰を貯めて一括返済することも可能。

【事例2】自宅売却までのつなぎ融資で債務を解消した例

80代女性。単身。

○収入：家賃収入200万円、年金100万円

○負債：銀行・クレジットカード300万円、個人230万円、年金担保貸付60万円、税・保険料10万円、合計600万円

○経過と相談内容

　自宅兼のアパートを経営。築年数古く、改築費用を銀行から借り入れた。数年前に離婚して転がり込んできた姪の入院治療費等のため知人から借金した。転倒骨折して入院中から返済ができなくなり、毎日入る督促の電話で精神的に参っている状態を見かね、地域包括支援センターの相談員からの紹介で相談に来所。

○解決策

　自宅兼アパートの売却による借金返済を進めるため、生活サポート基金の不動産売却つなぎ融資1,300万円を実行。不動産事業者と連携して売却までの条件を整えた。税の滞納については本人が把握していないため、相談員が担当部署へ確認し貸付金にて納付。その他債務についても速やかに貸付金にて完済できた。売却までの間、頻繁に電話や自宅訪問による生活相談を続け、地域包括支援センター担当者とも連絡を取り合う。当初は、賃貸マンションへの入居を希望していたが、高齢のため不可能であったため、親族が住んでいる地域での有料老人ホームへの入居となった。同居していた姪は別のアパートに転居した。

【事例3】都の貸付により月の返済額を縮小して生活を立て直した例

40代女性（パート）、40代夫（会社員）、子ども（高3年）。

○収入：本人24万円／月、夫19万円／月

○負債：携帯12万円、公共料金4万円、家賃11万円、国保2万円、法テラス

　　18万円、応急小口貸付10万円、消費者金融83万円、生保返還金11万
　　円、親族40万円、合計191万円
○経過と相談内容
　夫が体調不良で退職後、妻のパートで生活していたが、勤務先倒産で生活保
護を受給。その後、夫婦ともに働き始め生保廃止となったが、最後の収入との
差額の返還が必要。夫はフルタイムとなったが自転車操業。法テラスや緊急小
口返済も始まる。長男の大学入学資金を社協に申し込んだが断られたため、相
談に来所。
○解決策
　東京都の貸付153万円をあっせんして実行。
　都の貸付により法テラス、応急小口、生保返還金（いずれも少額返済）以外
の債務をまとめることで、収支が黒字となり生活を立て直すことができる。当
初貸付対象とした子どもの大学入学資金は不合格のため不要となったが、今回
の貸付で生活を立て直すことにより次年度社協の貸付の可能性がでてくる。

【事例4】「サポート型・リースバック事業」により解決した例
50代女性。単身。
○経過と相談内容
　自立支援相談窓口からの紹介で出張相談。
　本人は、精神障がい、がん再発、内部疾患のため、訪問看護・訪問介護を利
用しながらほぼ終日横になっている。日常の生活用品をネットで購入し、カー
ド決済、リボ払いしている。発病前に貯めた貯金が尽きたため自宅売却を考え
ているとの事前情報で面談したところ、自宅に住み続けたいとの意向。しかし
障害年金の額は生活保護基準より低く、到底生活できない。生活保護は自宅を
売却することが前提になるため、共有名義の弟に売却して賃借りし住み続ける
ことを提案したが、弟の同意が得られなかった。
○解決策
　生活サポート基金が自宅を購入して相談者と10年の定期借家契約を締結、
更新することによって住み続けることのできる「サポート型・リースバック」
を提案し、弟の同意も得られ契約した。家賃は生活保護基準に設定し、売却益

が尽きた後は自立支援相談窓口の担当者と連携して生活保護につなぐ予定。本
人は契約後、精神的にも安定して暮らしている。

4　生活サポート基金の取り組みの特徴

(1) 貸付の仕組みを持つ相談窓口

　金融包摂事業として、「相談と貸付」という二つの機能を同時に持つという
のは大変重要かつ効果的である。多重債務や家計赤字の方への貸付は、どのよ
うに家計を改善すれば返済財源を確保することができるかということを検討す
る。その家計改善への取り組みのノウハウこそが、多重債務者から生活困窮者
まで幅広い相談に役立っている。

　そのノウハウの1つとして、債務整理の必要な方を弁護士・司法書士につな
ぐということがあるが、一方で債務整理では解決しない場合もある。例えば金
融債務以外の税、公共料金の延滞などがあり金融債務の額も少ないため債務整
理による効果が限定的な場合、ショートしている生活費を正常化させるための
貸付の組み立ては、目先だけの解決ではなく、貸付完済まで、そしてその後ま
での家計改善効果を見立てて行う。また家族のいる方であれば、家族全体の問
題としてあらゆる角度から改善案を組み合わせる。

　提案できる貸付の仕組みは2種類あり、都民限定の都再生事業の貸付は300
万円が限度で、年利3.5%、最長7年間での元利均等返済、東京・神奈川・埼
玉・千葉の方限定の生活サポート基金の生活再生ローンは、貸金業法の総量規
制内の限度額で、年利12.5%（不動産売却つなぎ融資は6〜9.5%）、最長10年間で
の元利均等または一括返済。ともに1名以上の連帯保証人が必要である。

　なお、他の多重債務相談機関の相談件数が年々減少している中で生活サポー
ト基金が行っている相談件数が増加しているのは、多重債務、家計赤字の人が
「お金を借りて解決したい」という希望が多いことが大きな要因と思われる。

(2) 家計診断による信頼形成と気づき

　一般の金融機関では家計相談を行って審査することはないであろう。しかし
生活サポート基金を訪れる人は、金融機関への返済ができなくなり信用情報上

借入ができない方や、今後の返済が厳しい、又は債務整理等の経験から金融機関からの借り入れができない人がほとんどであるため、相談者の生活再生のためには家計診断は欠かせない。

　生活サポート基金の相談は、カウンセリングの基本に配慮しつつ、本人の気づきや問題の整理の場とすること、そして相談者の自己決定を支援する立場をとっている。まずは相談者（家族のいる方は家族全体の）の現在の平均的な1か月単位の家計表を、相談員がヒントを出して普段の生活を思い出しながら作成する。この相談者自身が家計状態を把握することは、生活再生に向けて一歩前進しようという動機付けとしても非常に有効である。その上で債務整理と家計バランスを図りつつ、再生に寄与する貸付を有機的かつ効果的に利用できるよう鳥瞰的な視点を持ったリメイク提案を行う。そしてこの家計診断の過程は、相談における信頼形成と相談者の気づきにもつながる。

　相談は相談員がひとりで対応するが、相談途中で他の相談員の意見を聞く「相談の相談」を実施し、相談内容を共有の上、より良い提案を目指している。

（3）総合的な解決策の検討と解決の方向の提示

　生活サポート基金の初回相談では、2時間の枠で家計状況を把握し、解決策を検討し、相談者自身がとるべき方向を示すリメイク提案をしている。コンパクトに相談結果を出す理由のひとつは、お金の問題は日々の入出金に関わる、待ったなしの問題だからである。今日と明日とでは支払いの関係で手持ち金が大きく変化する場合もあり、電気が止まる、食べることができない等危機的状況に陥る可能性もある。また困りごとを複数抱え、何からどのように手をつけたら良いのかわからず途方にくれていた人が、解決までの全体プランが見えてくると安心感が得られ、夜眠れなかった状況が改善され、一歩前に進もうという意欲が少しでもわいてくるというエンパワーメントにもつながるという効果もある。

（4）弁護士会・司法書士会等との連携

　多重・過剰債務状態の方の解決策として、債務の返済を縮小する債務整理の検討が不可欠だが、都再生事業では、都内の弁護士会（東京弁護士会・東京第

一弁護士会・東京第二弁護士会）や司法書士会等との連携を行っている。

　都再生相談窓口には、火曜日・木曜日に三弁護士会から弁護士が交代で派遣され、相談者に法的アドバイスをするほか、すべての提案内容の点検をしている。また、実際の債務整理については、弁護士会の法律相談センター等に予約して相談員が同行し、生活再生までの全体プランを弁護士に伝え、安心して弁護士との契約が整うようサポートしている。

　また、相談の中にはすでに受任している弁護士や司法書士側の問題に起因して生活再生が図れていない場合もあり、弁護士・司法書士の変更を検討したり、弁護士会を通じて解決を図ったりすることもある。このような場合にも弁護士会から派遣されている弁護士の助言は非常に心強いものである。

(5) 居住及び食料の支援の取り組み

　首都圏で大きな課題となっているのが居住と食の問題である。

　東京では家賃が高いため、家賃を下げるための転居費用の貸付がごく一般的になっている。一方で、持ち家はあるが生活費がないという方も多く、不動産売却つなぎ融資を利用して生活をリセットする事例も増加している。また、不動産売却つなぎ融資を実行してきた中で、高齢者や障がい者などが引き続き自宅に住み続けるしくみも必要であることに気づき、2018年から「サポート型・リースバック事業」を開始した。その他、住居を失った単身の方向けのアパートの管理を受託し、入居のサポートと地元のワーカーズと連携した定期的な見守り、就労等の生活再生までの支援を行っている。

　食の取り組みとしては、2015年から日本最大のフードバンクのセカンドハーベスト・ジャパンと連携し、相談者へ食料をもらえる紹介状の発行と、相談室での少量の食料提供をしている。これまで相談者の3割の方に紹介状発行を行うとともに、セカンドハーベストで食料支援を受けている100人超の方が都再生相談窓口へ訪れた。

(6) 研修事業による相談ノウハウの社会的提供と自治体との連携

　困窮者法に基づく相談窓口の人材育成について、東京都は2015年から独自の研修を実施してきた。その中で、家計改善支援員向けの研修は生活サポート

基金が当初より講師を務め、参加者より高い評価を得ている。現在は埼玉県、神奈川県、大阪府の研修にも対応する他、都内の自治体などからの研修要請にも応じている。

　研修終了後、受講生に電話でアドバイスしたり、受講生が相談者を都再生相談窓口へ同行したりする関係ができている。困窮法窓口の相談員にとっては、相談のノウハウだけでなく、融資が解決の方法として活用できることがわかり、研修の効果は高いと言える。2019年度の都再生事業の相談者のうち、1/4が困窮窓口からの紹介で、税務など他の役所関係機関も含むと5割近くが自治体経由の相談となっている。

（7）幅広い分野の関係機関・組織との連携による解決

　総合的な解決策の検討と実行には、幅広い分野の関係機関・組織との連携が不可欠である。債務整理については先に述べた通りであるが、融資による解決が必要な方についても、生活サポート基金の2つの融資制度に限定するのではなく、相談者にとってベストなものとして、社協や母子福祉資金など公的なものから一般の金融機関も含めて検討する。税の延滞、公営住宅の延滞、DV、子どもの虐待、引きこもりなど公的窓口との連携はもちろんのこと、民間組織との連携の開拓も重要である。最近では、住宅の片付け事業を行う生協の関係団体との連携で、業者による「一括清掃」とは違う相談者に寄り添った片付けを実施している。

　また、都再生事業では弁護士相談員、都の担当者を含めて年に2回事例検討会を開催し新しく発生する問題への情報収集や対応策の研鑽を行っているが、数年前からは都立精神保健福祉センターの職員の参加も得て、精神的な問題を抱えている困難事例への対応強化を図っている。

（8）公的事業等による経費確保

　事業の継続には相談員の人件費と相談・貸付のシステム等の物件費として多大な費用が必要である。現在、生活サポート基金の事業収入全体の7割近くを都再生事業収入が占めており、公的事業の継続が法人にとって不可欠になっている。

　また、独自の貸付事業の規模では利息収入だけでの採算は難しく、神奈川県の障害者施設の物件を購入しその賃料収入を得ていることで成り立っているのも現実である。

5　生活サポート基金の事業実績

（1）生活サポート基金の貸付事業と個人再生ファンド

　2010年6月の改正貸金業法完全施行・総量規制の導入で一人当たりの融資可能額が減ったこと、2008年リーマン・ショックや2011年東日本大震災以降収入の格差が拡大したことが影響し、第6期以降は新規融資件数が減少したが、生活再生への道を広げる目的で貸付基準を見直し、第13期以降は増加している（表6-1）。

表6-1　生活サポート基金　貸付・貸倒・ファンド推移

（年度:12月～11月）		※新規貸付		期末残高		貸倒		ファンド出資
		件数 （件）	金額 （千円）	件数 （件）	残高 （千円）	金額 （千円）	率 （%）	金額 （千円）
第1期	2005/12～	5	7,887		5,894	0	0.0%	—
第2期	2006/12～	89	165,464	＊47	102,973	0	0.0%	—
第3期	2007/12-	188	170,341	108	158,920	131	0.1%	77,500
第4期	2008/12～	68	83,876	130	158,822	2,259	1.4%	88,500
第5期	2009/12～	130	90,220	198	173,125	2,257	1.3%	151,900
第6期	2010/12～	94	140,660	215	214,539	1,001	0.5%	206,800
第7期	2011/12～	61	118,000	217	227,268	715	0.3%	240,900
第8期	2012/12～	81	125,110	222	239,757	923	0.4%	252,000
第9期	2013/12～	73	100,589	221	253,710	709	0.3%	294,600
第10期	2014/12～	57	79,715	193	219,273	0	0.0%	315,400
第11期	2015/12～	48	134,351	177	251,289	603	0.2%	325,400
第12期	2016/12～	39	89,952	155	191,445	1,120	0.6%	327,400
第13期	2017/12～	87	161,230	192	230,909	634	0.3%	324,000
第14期	2018/12～	110	153,303	229	248,564	873	0.4%	338,400
累計		1,130	1,620,699			11,226	0.4%	

＊第2期の件数は2007.10.18時点
出所：生活サポート基金内部資料

図6-1　生活サポート基金の貸付種類別件数推移（2013-2019）

出所：生活サポート基金内部資料

図6-2　生活サポート基金の貸付種類別金額推移（2013-2019）

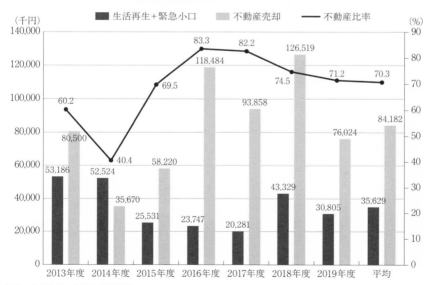

出所：生活サポート基金内部資料

　生活サポート基金貸付の貸倒率は通算で0.4％と大変低くなっている。貸付後に返済が厳しくなった場合、再度の家計相談を行った上で返済可能な条件変更をするなど柔軟な対応を行っていることも大きな要因となっている。

　ファンド説明会の開催や知人への呼びかけを進めた結果、出資総額が増加した。

　不動産売却前提つなぎ融資の件数が2018年以降増えている（図6-1）。1件当たりの金額が高いため、全体の融資金額に占める割合が2016年以降は70～80％で推移している（図6-2）。

(2) 都多重債務者生活再生事業（相談と貸付あっせん）

　新規の相談件数（面談）はここ数年、年1,000件近くだったが、2019年度は当初から前年を上回る相談件数で推移していた中、3月に新型コロナ感染拡大の影響が一気に高まり、過去最多の相談件数となった（表6-2）。

　自治体との連携が進む中、税等滞納者が都再生事業の貸付を利用して解決する事例が2013年をピークに増えた。しかし困窮法の窓口において税の滞納も

表6-2　東京都多重債務者生活再生事業　貸付実績

（年度:4月～3月）	貸付		新規相談
	件数（件）	金額（千円）	件数（件）
＊2008年度	6	6,590	616
2009年度	15	16,350	606
2010年度	19	30,200	801
2011年度	22	32,070	705
2012年度	34	61,170	757
2013年度	61	125,370	932
2014年度	43	83,520	1,005
2015年度	15	33,620	961
2016年度	14	24,400	973
2017年度	8	15,830	867
2018年度	13	17,800	961
2019年度	8	13,390	1,065
累計	258	460,310	10,249

＊2008.3.27-3.31含む
出所：生活サポート基金内部資料

含めた包括的な対応を行うこととなったため、原則税金が貸付対象外となり貸付件数が大きく減少した。以前から融資ができない方には、家計診断を行った上で家計の見直しに向けた解決策や税の分納可能額を記載した「提案書」を税の窓口に持参して相談するよう助言していたが、現在はこの方法を採るか、生活サポート基金融資による解決策を採っている。

　貸付用途別でみると二つの貸付の使われ方に特徴が見える（図6-3）。生活サポート基金貸付は債務返済が多くを占め、その他生活費、学費、家賃、転居費用とバラエティに富むが、都貸付は、債務返済と税・公共料金返済がほとんどを占めている。

図6-3　都貸付と基金貸付の用途別割合（2013～2019年の平均）

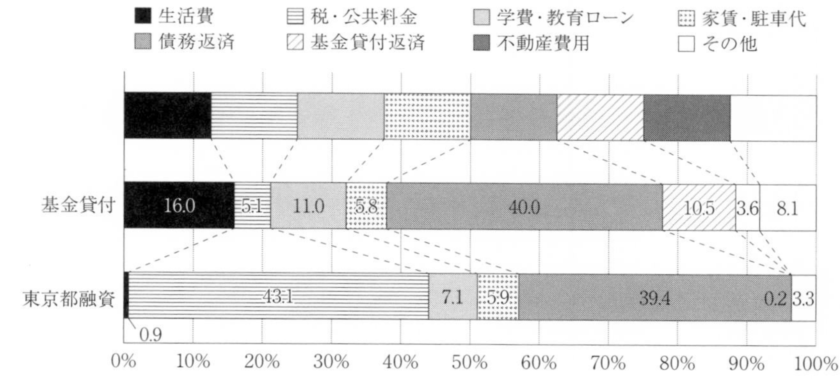

出所：生活サポート基金内部資料

6　相談・貸付から見える課題

(1) 貸金業法改正後の金融の問題

　2010年の貸金業法改正により、個人信用情報が整備され貸付は年収の1/3が上限になり過剰貸付に歯止めがかかった。しかしショッピングは対象外のため、生活費のほとんどをカード利用、返済はリボ払いという終わりのない多重債務に苦しめられる人が、カード利用の普及もあり一向に減らない。また、銀

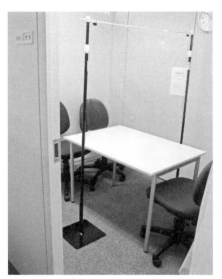

写真6-2　相談室

行の貸付は当然貸金業法の対象外のため、複数の銀行カードローン残高が膨らみ、貸金業法改正前のような多重債務の様相を呈している事例もある。特に首都圏では銀行が駅前で何軒もひしめいている地域が多く、収入が高い人が枠を多く提供され返済に苦しんでおり、銀行の自主規制が始まったものの目立った効果が見られない。都再生事業の一人当たりの銀行・消費者金融等からの借入額がここ10年、300万円台と大きな変化がないことからも多重債務の問題は収束には程遠いと言える。

一方で、相談者一人当たりの借入額がここ10年で100万円台から300万円台に増えたのが、個人からの借入や税・家賃・公共料金等の延滞など金融債務以外の債務である。債務整理では解決しない問題も多く、家計診断に基づく専門的な相談が必要な事例が増えていると言える。

また、従来型のヤミ金とは別に、「給与ファクタリング」が2019年から相談の中で見受けられるようになった。2020年3月に金融庁が「給与ファクタリング」には貸金業法が適用されるとの見解を示し、違法な貸付の見分けが可能になったが、個人信用情報に異動情報が載っている人でも借りられるものとして今後広まることが懸念される。他にもクレジットカードのショッピング枠を利用して商品券や携帯電話などを購入して現金化したり、スマートフォンの決済アプリを多額に利用し翌月の支払いができない事例など、法律の規制をかけても適切な相談を受けていないと生活困窮状態がさらに悪化するという事態が後を絶たない。

(2) 住居の問題

都再生事業の2割の相談者が、家賃滞納や転居先の確保で困っている。解決

策として融資を利用できない方で親族等からの支援も得られない場合は、他の債務と一緒に延滞家賃を自己破産する場合が少なくない。転居費用を自力で捻出する場合は、都や市区町村の一次住宅を利用したり、住み続けたまま転居費用を貯めたりするが、いずれの場合も専門的な家計相談を受けて取り掛からないと失敗する可能性がある。

　また高齢者・ひとり親世帯、障がい者、外国籍の方などが民間賃貸住宅の契約で拒まれてしまう例が散見される。2017年に改正された住宅セーフティネット法に基づく居住支援法人となった生活クラブ生協（東京）や、一般社団法人くらしサポート・ウィズと連携しながら住まいの問題解決を進めていきたいと思う。

（3）学費の問題

　2019年度の生活サポート基金の貸付の用途の中で、件数が前年比倍になったのが学費で、貸付全体の13.2%を占めた。ぎりぎりまで借り入れできるところを探し回ったがだめで、あと1週間で入金しないと入学、進級、卒業できないと駆け込んでくる相談が続いた。奨学金を借りていても、苦しい家計のために生活費として使ってしまった例もあった。学費の貸付の場合、卒業までの資金繰りも含めた家計相談が特に重要であり、必要に応じて子どもにも相談に加わってもらい、家族全体の協力を確認する。

　奨学金は、貸与にしても給付にしても必要としているタイミングで入手できない場合があること、また親の年収が基準以上である、家計が自転車操業であるなどの理由で社協の貸付を利用できない方が存在することから、生活サポート基金が行う2つの融資制度は大変貴重なものに違いない。しかし生活サポート基金貸付の場合、総量規制上不可となり入学や卒業をあきらめざるを得ない場合も少なからずある。教育機会からの排除にもつながる問題として、学費の貸付は総量規制からはずす必要があると、関係機関に制度改正を提案している。

（4）精神疾患等の複合的な問題

　都再生事業の中で、相談者本人や家族の中で何らかの精神疾患を抱えている

割合が、データを取り始めた2014年度は14％だったが、2019年度は33％と年々上昇している。うつ病、統合失調症、発達障害、双極性障害、パニック障害、適応障害、摂食障害などの他、引きこもり、様々な依存症を抱えた方が連日のように来所している。依存症としては、パチンコ、スロット、競馬などのギャンブル、アルコール、スマホでの課金ゲーム、買い物依存、FXの他、占い、風俗通い、万引き、自己啓発セミナーなど多種多様である。

　これら浪費によってできた借金を債務整理する場合、精神的特性に配慮した依存症の治療も同時に行わないと、同じことの繰り返しになり問題が解決しない。特に収入の安定した企業の正社員や公務員の場合、債務整理の記録が信用情報に載っても、金融機関で早期に貸付可となる事例も多く注意が必要である。

　また、家族の中で複数の人が精神疾患を抱えている事例も多く、家族全体への支援体制を検討することが必要だが、相談者本人の自覚が薄い例や支援を拒否する例もあり、対応が難しい場合が多々ある。

　精神疾患を抱える人の相談は、当日も相談後の対応も長期化する場合がある。問題解決だけでなく相談員の負担軽減のためにもキーパーソンを探せるかが重要となる。

　以上のことから、保健所や都立精神福祉保健センター等の公的機関や民間の支援団体との連携が大変重要かつ不可欠となっている。

(5) 生活困窮の増加と就労形態の変化による問題

　ここ数年、生活困窮の問題が深刻化していることがデータからもうかがわれる。

　都再生事業の相談者のうち、年収が200万円以下の人が2009年は37％だったのが2019年は43％だった。雇用形態も不安定化し、2009年は正規雇用が40％、非正規雇用が28％だったのが、2019年は正規・非正規とも30％だった。また貸付目的の中で生活費が占める割合が増加し、2013年は都0.5％、生活サポート基金6％だったのが2018年は都5.2％、生活サポート基金31.9％だった。

　相談者の中には、ブラックと思われる会社との問題を抱えている事例のほか、雇用契約から個人事業主に切り替えになったことで社会保険や交通費が自

己負担となり、雇用保険も適用されず生活が不安定となる事例も多々ある。

（6）生活困窮と社会的孤立の問題

　生活サポート基金の2つの貸付はともに連帯保証人が必要だが、頼める人が周りにいないために断念する方も多数いる。債務の責任というだけでなく、相談できる関係性を持つ親族や知り合いが乏しいという現実が垣間見える。中には借金を夫婦間で話せない、秘密にして債務整理をしたいという例も多くある。社会全体で余裕がなく、人間関係も希薄なため、生活の変化で一気に困窮状態となってしまう場合が増えている実感がある。

　生活サポート基金のアパートでの居住支援において、住まいという空間を提供するだけでは生活再生ははかれないという発見があった。本人に役割が与えられ、社会の中で必要とされている実感を持つ経験こそが本人のエンパワーとなるのである。

（7）高齢者の年金担保ローンの廃止後の問題

　通常、高齢になると金融機関からの借入は難しくなる。高齢者がどうしても資金が必要な時に利用できるのが年金担保融資で、生活サポート基金でも返済により家計がショートしないことを確認の上利用を提案する場合がある。しかしこの制度も2022年3月末の受付で終了となる予定である。国は、社協の生活福祉資金がそれに代わって対応することを求めているが、税金滞納や他の債務を抱えている方が申し込みを断られている現状を変えない限り、多くが対象外となることは明らかである。

7　生活サポート基金の金融包摂事業の今後の課題

（1）生活再生貸付と不動産売却つなぎ融資

　金融排除を受けている方向けの貸付事業は今後も必要とされる。一方で、非正規雇用が増加し、収入が減少しているため貸し付けできる金額がさらに低下する可能性があり、利息収入だけでは事業的には大変厳しい状況である。また不動産売却つなぎ融資でも、都内のエリアによっては売却額が低下する可能性

もある。公的な事業と合わせて展開していくことが今後も重要となる。

(2) 金融包摂と社会福祉との連携「サポート型・リースバック事業」

これまで2件（うち1件手続き中。2020年6月時点）の「サポート型・リースバック事業」をスタートした。自宅を生活サポート基金が買い取り、社会福祉と連携しつつ長期借家契約により住み続けられるスキームだが、購入できる資金枠も限られ、まだ実験段階である。不動産価値の低下というリスクはあるが、長期的な取り組みとして決意をもって進めていきたいと考えている。そしてこの実験的な取り組みが、新たな社会的事業として他の不動産業者のリースバック事業にも影響されることを願っている。

(3) 「家計相談」の持つ機能と担う人づくり

金融包摂の重要なポイントは家計相談にある。しかし、これまで蓄積した相談ノウハウの共有とひとづくりが大きな課題となっている。相談員の増強を試みているが、簡単ではない。同様の事業を担っている関係団体と連携して模索していく必要がある。

(4) 経費の確保と新たな公的資金活用の可能性

利益を生まない種類の相談の費用をだれが負担するのかという議論が以前からある。生活サポート基金と同様にセーフティネット貸付と相談とを一体で展開している生協等の組織の存在が社会的に認められ、少なくとも相談に係る経費に対し公的サポートが受けられるようにしていくことが、全国に同様の事業が広がる必須条件だと考える。

写真6-3　コロナ対応仕様の受付

　国の休眠預金制度の活用が2020年からいよいよ開始される。また東京都でもESG投資という環境投資により生まれた利益を金融事業者による社会貢献事業に活用する「ソーシャル・エンゼル・ファンド事業」が開始される。

　このような新たな公的資金を活用して、これまでの経験とノウハウを生かした新たな取り組みについてもぜひ検討を進めていきたいと思う。

コラム7

日本の福祉貸付制度

　生活に困難を抱える者の生活改善や生活の安定化に資する目的で設立された貸付制度のことを、福祉貸付制度とよぶ。

　日本における福祉貸付制度の代表格は、生活福祉資金貸付制度である。この貸付制度は1955年に世帯更生資金貸付制度としてスタートしたものであり、当初はいわゆる「ボーダーライン層」にある零細な個人事業者の「落層防止」（すなわち生活保護受給が必要な貧困状態に陥らないようにする）のための生業資金貸付が中心であった。生活福祉資金貸付へと改称された今日では、低所得者・高齢者・障害者を対象としており、総合支援資金、緊急小口資金、教育支援資金、不動産担保型生活支援資金などの幅広い貸付種目を展開している。この制度は、国・都道府県の補助金を主要な財源としているという点で、公的な貸付制度であるが、貸付事業の実施主体はあくまで都道府県の社会福祉協議会（社会福祉法人）である。

　しかし生活福祉資金貸付（旧世帯更生資金貸付）は、多重債務者の決済資金を供給できず、多重債務者問題が大きな社会問題になるなか、十分な福祉貸付機能を果たすことができてこなかった。こうしたなか注目されたのが、2007年に政府の多重債務者問題対策本部で「日本版グラミン銀行モデル」の一つとして特に注目された、消費者信用生活協同組合（第5章）であった。

　こうした信用生協の貸付は民間の福祉貸付事業の展開に大きな影響力をもち、生活協同組合を中心に拡大した。生活クラブ東京などが出資して設立された生活サポート基金（第6章）や、福岡などでのグリーンコープ生協による貸付事業をかわきりに、現在ではみやぎ生協、生活クラブ千葉（第7章）でも信用生協をモデルとした貸付事業が実施されている。またこうした事業者の多くは、家計改善支援事業も受託するなどして、生活困窮者自立支援事業にも関与している。（角﨑　洋平）

第7章

生活クラブ千葉グループ・VAICコミュニティケア研究所による取り組み

津田　祐子

はじめに——組織概要

　私たちは、生活クラブ千葉グループの一員である。生活クラブ千葉グループとは、生活クラブ生活協同組合（虹の街）の活動事業を母体とした「人と自然を大切にし、より住みよく暮らしやすい社会作り」を目的に全9団体で構成されたグループである。グループの総合力で、だれもが排除されることなくその人らしく地域で暮らしていけるよう社会問題の解決とコミュニティの再生に取り組んでいる。

生活クラブ千葉グループ一覧
・生活クラブ生活協同組合（生活クラブ虹の街）
・社会福祉法人生活クラブ（生活クラブ風の村）
・NPO法人せっけんの街
・NPO法人ワーカーズコレクティブ千葉県連合会
・認定NPO法人VAICコミュニティケア研究所（2020年4月「コミュニティケア街ねっと」に改名）
・NPO法人地球市民交流基金EARTHIAN
・認定NPO法人ちば市民活動・市民事業サポートクラブ（NPOクラブ）
・NPO法人はぐくみの杜を支える会
・NPO法人ユニバーサル就労ネットワークちば（UWN）

　2009年、ともに生活クラブ千葉グループ所属の生活クラブ・ボランティア活動情報センター（2004年改組・通称VAIC）とコミュニティケア研究所（2002年設立・通称CCI）が合併してVAICコミュニティケア研究所（略称VAIC-CCI）となった。取り組んでいる事業は相談、地域交流、居場所づくり、生活支援、生活困窮者支援、成年後見、子育ち子育て支援、福祉サービスの評価調査など多様であり、だれもが自分らしく安心して暮らせる地域協同社会づくりをめざしている。

1　生活困窮者自立支援事業・家計相談支援事業に関わるまでの経過

（1）多重債務問題

　2005年任意団体「多重債務問題研究会」は、多重債務は個人の計画のなさではなく社会問題であるとし、手弁当で多重債務相談を始めた。

　2006年（平成18年）12月に成立した改正貸金業法では、新たな多重債務者の発生が抑制されるよう貸付の上限金利引下げ、貸付残高の総量規制の導入など「貸し手側」を規制する改正が行われた。この貸金業法改正の背景には、消費者金融の利用者が全国で約1,400万人、そのうち多重債務状態に陥っている人が200万人以上いると言われるなど多重債務問題が深刻化したことにある。一方「借り手側」の対策として内閣府に設置された多重債務者対策本部は、2007年（平成19年）4月「多重債務問題改善プログラム」を策定し、以下の4点の直ちに取り組むべき具体的施策が打ち出された。

　　1．丁寧に事情を聞いてアドバイスを行う相談窓口の整備・強化
　　2．借りられなくなった人に対する顔の見えるセーフティネット貸付けの提供
　　3．多重債務者発生予防のための金融経済教育の強化
　　4．ヤミ金の撲滅に向けた取締りの強化

　この「多重債務問題改善プログラム」のひとつ「丁寧に事情を聞いてアドバイスを行う相談窓口の整備・強化」という政策のもとに、任意団体「多重債務問題研究会」の事務局を担っていた特定非営利活動法人コミュニティケア研究所[※]が2008年8月より「多重債務者などへの相談事業」を千葉県から受託した（※2009年NPO法人同士の合併により特定非営利活動法人VAICコミュニティケア

研究所となり、2017年認定NPO法人格を取得した。合併から10周年を機に名称をコミュニティケア街ねっとに変更し現在に至る)。

委託事業名称が「多重債務者などへの相談事業」から「生活再建支援相談事業」に変わってからも毎年、公募型プロポーザル方式で事業を受託し、事業が終了するまでの5年7か月の期間、相談対応をしてきた。その間の相談件数は約8,000件になる。

2008年の相談事業受託当初から多重債務問題の解決は、債務整理で終了するのではなく生活を再生し地域での共生が実現するまでを含むと考え、生活支援の各種制度との連動による相談・支援も含め、多重債務者が生活を再生して地域社会において暮らしていく上で、再び多重債務に陥らないように支援をしてきた。

(2) 多重債務問題の相談現場で感じる変化

2008年(平成20年)9月のリーマン・ブラザーズの破綻を引き金にした世界的金融危機以降の日本の経済問題の悪化、ひいては雇用問題、生活困窮問題、貧困問題が相談内容に大きく影響し「収入が減っている」「仕事がない」などが原因となり債務を整理するだけでは生計が立てられなくなっている相談者たちが増加した。

また、住宅ローンの返済が絡んだ相談もかなり多くあったが、そのほとんどは収入減少により住宅ローンが支払えない状態に陥っているケースである。住宅を手放したとしても残債が生じるという場合がほとんどで、住宅価格の下落、住宅バブル崩壊という日本社会のデフレ現象と景気後退の影響に伴う日本社会の構造的問題であると言える。

相談者のデータを見ると、年々、一人当たりの借入業者数が減少してきたことや債務総額が減少してきたことが顕著で、このことは「貸し手側」に規制をかけた貸金業法の改正が、一定の効果をあげたと言える。その一方で相談者の年収が減少していることも顕著で、年収が50万円にも満たない相談者が全体に占める割合が大きくなった。

全体的な相談傾向を一言でいうと「債務が膨らみ、数社から借りていて返済が厳しくなった」という主訴から「収入が減少して、あるいは収入がなくなっ

てしまい返済ができなくなった」という主訴に変化してきたということになる。つまり、多重債務の相談から生活困窮の相談に変化してきたということになる。相談内容は家族や仕事、心身の病の問題まで幅広く、複雑な背景がある相談が増加した。また、自己決定力が弱い人や行動力が乏しい人、精神的な問題から判断能力が低下している人なども多く、伴走型支援が必要なケースが増えてきた。

　相談対応をする中で見えてきた課題については、生活クラブ千葉グループの中で共有し、後述の顔の見えるセーフティネット貸付に関する検討につながっている。また、多重債務問題から生活困窮者問題への相談の変化は、制度の変遷と重なっており、生活困窮者自立支援法は2013年12月に国会で可決成立した。2015年4月1日の施行に先立ち、各地でモデル事業が展開され、千葉県内でも2014年には11か所でモデル事業が実施された。

　生活クラブ千葉グループではモデル事業時代から、法人単独としての受託、社会福祉協議会などと共同事業体を組んでの受託など形態はさまざまであるが、千葉県内で生活困窮者自立支援事業を受託している（表7-1）。

表7-1　生活クラブ千葉グループによる生活困窮者自立支援事業の受託

2019年度	生活クラブ風の村	生活クラブ虹の街	VAIC-CCI	UWN
自立相談支援事業	柏市 船橋市 佐倉市（共同体） 白井市 ※ 印西市（共同体） 四街道市（共同体） 栄・酒々井町（共同体）			
就労準備支援事業	柏市 船橋市 佐倉市（共同体） 印西市（共同体） 四街道市（共同体）			千葉市 松戸市
家計改善支援事業	柏市※ 船橋市 印西市（共同体）※	千葉市 （共同体）		

※VAIC-CCIの相談員が生活クラブ風の村に出向
出所：生活クラブ千葉グループ内部資料

2　千葉県でみられる貧困と金融排除の今日的な状況

　生活クラブ千葉グループの中で、生活クラブ生協千葉とVAICコミュニティケア研究所が共同事業体「家計再生応援ネット」として生活困窮者自立支援事業の家計相談支援事業（現：家計改善支援事業）を受託している千葉市、VAICコミュニティケア研究所の相談員が社会福祉法人生活クラブに出向する形で家計に関する相談対応をしている柏市、白井市、印西市の相談者の状況や実態について事例を踏まえて紹介する。

事例2-1　月払いの給与への変更により家計収支が改善したケース

【属性】32歳　独居男性

【主訴】自分はADHDでこれまで仕事が長続きせず、現在は派遣で仕事をしており、週払いの給与で生活している。しかし、パチンコ依存のため家賃を滞納してしまうことがあり、いつもお金が足りなくなる。市県民税の滞納もあり、今後のことを考えるとちゃんとした支出管理をしたい。

【対応】

・収入は週払いの給与であり、1か月分に換算すると、一人暮らしの男性の生活費を賄える額であった。本人の頭の中では収支を週単位で捉えているために家賃の支払いが発生する週にはお金が足りないという思いになっていた。家賃の支払いがない週での余剰がパチンコ代に回っていたために結果、収支は赤字になっていた。

・家計収支表を作成したことで、本人にとって1か月単位での収入と支出のバランスの理解が進み、本人自らがすぐに会社に交渉して、管理しやすいようにと月払いの給与に変更してもらった。

・実家の援助もあり家賃滞納を解消でき、市県民税の滞納の分割払いの交渉もできた。1か月収支の余剰額の中で金額を決めてパチンコ代に充てることを本人が納得。パチンコも楽しむことができるようになった。

・自分で作成した前月の家計収支表を持参しての面談が数か月続いた中で、家計簿アプリの導入を相談員から提案したところ、翌月には家計簿アプリで管

理することが定着し、家計簿アプリの利用を面白がっているようすも見受けられるようになった。

事例2-2　正月の出費により家計収支が崩れてしまったケース

【属性】45歳　独居男性

【主訴】仕事中に怪我をしたことで、長年従事してきた仕事ができなくなってしまった。昔の仕事仲間からは復帰を希望する声がかかるが、年齢のことも考えて別の仕事を探したい。これまでに自分で仕事を探していたが、なかなか見つからず、先のことを考えると不安になり体調も悪い。

【対応】

・本人が希望する条件の仕事があっても、書類選考で落とされて面接にまでも至らないことが続き、体調がますます悪化してしまった。

・本人の当初の希望の雇用条件とは違ったが、体調のことを考えて無理のないところからできる仕事にやっと就くことができた。

・滞っていた諸々の分割支払い計画を立て、毎月、家計収支表を確認しながら進める中で、余裕は一切ないが生活は回るようになった。体調を見ながら仕事量を増やし、先々の転職も視野に入れ、貯蓄ができるような家計収支にしていく予定でいた。

・ところが、その矢先の年明けの定期面談で、家賃、携帯電話代金の支払いが滞っていることが判明した。お正月で実家に帰り、親兄弟に心配させないように、姪や甥にお年玉を奮発したことや帰省にかかった費用が原因とのことであった。

・分割支払い計画を立て直し、少しずつ立て直しをしている。

【課題】

＊特別出費のための貯蓄の大切さを説く必要があるが、貯蓄ができるような家計収支状況にない人が多いことも課題である。

＊生活保護では、期末一時扶助があり12月分に上乗せされるが、1月分の受給日は年末年始休みをはさむ関係で12月27日前後であり通常月より早いことになる。1月の生活費はいつもの月よりもお金のやりくりを気にしながら生活する必要がある。

事例2-3　家賃を年金月にまとめ支払いに変更してもらったケース

【属性】55歳　女性　知的障害の子と二人暮らし

【主訴】家計管理をしていた夫が急死してしまい、遺族年金で生活している。知的障害がある息子がいるために自由に働けない。アパートの更新手続きをしなくてはいけないが、更新の際の保証人もおらず、また更新料が捻出できないためにアパートの賃貸借契約の更新ができない。

【対応】

・更新ができないという本人の思い込みと文面を読んでもよくわからないことから通知を放置していたことが重なり、更新日が迫っていた。不動産業者の威圧的な対応（＝不動産業者は何回も通知を出していたにもかかわらず、反応がないことで威圧的な対応をしていた）も拍車をかけ、何もできずに不安な状態で相談につながった。

・更新はできないと思い込み放置してあったアパートの更新手続きの書類を確認したところ、保証会社が付いているために保証人は必要ではなく、緊急連絡先でよいことがわかった。

・また、家賃は年金月に2か月分まとめて支払うことで不動産業者と合意した。更新料はアリエッティ基金貸付（後述）と本人の手持ち金で対応し、住まいの確保ができた。アリエッティ基金は、分割で返金されている。

・収入が2か月毎の遺族年金、生活するのに必要な支出は毎月であることから家計管理ができていなかったが、家賃を年金月に2か月分まとめて支払うように変更してもらったことで、家賃滞納がなくなり、年金月の無駄遣いも減り、家計改善につながった。

【課題】

＊収入が年金の場合、受給日は偶数月であり2か月に一度2か月分が入金されるために、たまっている支払いをするだけでなく、日々の買い物などでも使い過ぎてしまい、翌月の生活費が足りなくなってしまうパターンの人が一定程度存在している。

事例2-4　毎日がコンビニ食のため収入に占める食費割合が多いケース

【属性】40歳代　女性　独居

【主訴】うつ状態になり退職、体調を見ながら短い時間からのパートで復職したが、以前に比べ収入も減少し、生活費が足りない。

【対応】

・家計収支表を作成し、収入と支出のバランスを整える支援に入った。

・体調を見ながらのパートであることから、収入が十分とは言えないために、支出が抑えられる項目を探ったところ、食費で節約するしかない状態であった。

・食費を節約する提案をしたものの、調理をする気力がなく、コンビニで食べ物を調達しているため、支出状況の改善は難しい状況である。

【課題】

＊一人分であれば料理せずに買ってしまった方が楽な面もあるが、割高になることは否めない。調理する気力もないという精神面や体調面を考えれば致し方ないとも言えるが、すべての食事がコンビニ食であれば、栄養面での偏りも当然課題となる。

事例2-5 生活費が足りず、キャッシングなどを繰り返したケース

【属性】60歳代 男性 独居

【主訴】キャッシングやカードショッピングの支払いができなくなり、あちこちから督促がきているが、収入が少なく支払いきれない。

【対応】

・代々続く農家であり、両親が存命中は農作業を両親がしており、自身は土木の仕事をして生活していた。両親が亡くなった後、家や田畑の相続手続きをしていなかった。

・土木の仕事を辞めて年金生活に入ったが、年金（65,000円／月）だけでは生活できずに、カードショッピングやキャッシングで生活していた（債務額7社 約300万円）。

・自己破産をする方向で弁護士に依頼した。債権者に対して弁護士受任通知を出して督促を止めてもらい、一旦、督促からのストレスを軽減したうえで、家や田畑の名義変更をしてから売りに出すという段取りで進めているが、かなりの時間がかかっている。

【課題】

＊代々続く農家の場合で、親の農業収入と子の給与収入で生活できていたが、親が亡くなると農作業をする人がいなくなる。田んぼを貸し年貢米と給与収入で生活していても、仕事ができなくなる年齢になり、働いていた時にきちんと年金をかけていない場合には年貢米と年金だけでは生活できなくなるケースが多く見受けられる。

＊カードショッピングやキャッシングで生活費を補填し続けた結果、返済不能になり自己破産せざるを得なくなる。だが、自己破産をしようにも田畑や古い農家を所有している場合には、いろいろな手続きを踏む必要がある。また農村では、近所の目を気にして、自己破産手続きに踏み切ることができない相談者もいる。

3　生活クラブ千葉グループによる金融包摂の事業・運動

　2018年10月の法改正により「家計が改善されるように支援する」という目的を明確化した名称である「家計改善支援事業」に名称変更され、その実施は努力義務となった。また、法改正では自立支援を推進する目的で3事業の一体的支援が推進されるよう国庫負担金割合の変更などもあった。その効果もあり、現在の家計改善支援事業実施自治体は広がった。「家計改善支援」は生活困窮者の自立を支援する際には必須の視点であると言える。例えば、家計相談支援事業（現家計改善支援事業）で面接を実施する際の具体的な手法として、家計表の記入とキャッシュフロー表の作成があるが、家計表を記入し、作成することは生活課題の洗い出しにつながり、以下のような効果があると考える。

　・家計収支のバランスをみることから本人の気付きを促す。

　・生活の見直しをするきっかけとする。

　・就労意欲を促進する。

　・家計収支の中で、一日に使える金額を算出するなどし、支出の管理をする。

　また、家計表を記入し作成することで、自立相談支援事業の総合的なアセスメントではわからなかったことや不明瞭であった相談者の課題が見えてくることもある。あるいは、キャッシュフロー表を作成することで、生活を再生する

道筋をたてることができる。生活の再生への道筋をたてることができるということは、将来の希望につながり、生活再生への意欲となる。

生活が困窮している人は、そもそも家計の改善が必要である人がほとんどである。また、自立相談支援事業でのアセスメントで就労準備支援事業につなぎ、その後に就労につながったとしても家計管理の能力が向上しなければ安定した生活にはなり得ない。

さらに、生活を再生していく道筋を示せる仕組みとして、顔の見えるセーフティネット貸付がある。借りられなくなった人に貸付をすることが目的ではなく、借りられなくなった人が生活を再生できるように貸付をするということを重視するならば、その人の生活の再生計画をしっかりと描くこと、そしてそれを見届けることが重要である。それにはその人の生活が再生されるまで寄り添う相談支援機能と連動するものでなくてはならない。

相談者に貸付が必要と思われるケースとしては以下のようなことがある。

・相談者がやっと就労に結びついたものの、初回の給与日は1か月半後であり、それまでの生活費や、仕事に行く交通費もない。
・家計表を作成して家計診断をする中で、家賃が低いところに引っ越せば、家計が成り立つことがわかったが、引っ越す費用がない。
・臨時の出費が重なり、何か月か家賃を滞納してしまったために立ち退きを求められているが、転居の初期費用が捻出できない。
・病気になり仕事を休職中である。傷病手当の申請をしているが、書類の行き違いで傷病手当が入金されるまでに間が空いてしまい、その間の生活費がない。

（1）生活協同組合による貸付事業

生活クラブ千葉グループでは、2010年よりセーフティネットとしての貸付事業の必要性の議論を重ねてきた。議論をしている間にも病気、失業、リストラ、収入減、就職難などにより生活資金が不足するという社会問題は深刻化して、誰にでも起こりうる問題で他人ごとではない状況になっていた。また、多重債務問題の解決のために改正された貸金業法により、"借りたいのに借りられない"人も増えた。そのような状況を踏まえ、生活クラブ生活協同組合千葉

では、2015年4月より生協による貸付事業を開始することを検討し、その準備を始めた。先行して生協による生活相談・貸付事業を実施していた消費者信用生協、グリーンコープ生協、生活サポート基金、みやぎ生協に学び、検討準備をすすめた。生活協同組合による貸付事業は改正生協法や生活困窮者自立支援制度においてもその必要性が認められている。

　貸付原資は、2015年度に組合員債を発行して調達した。当時5千万円の募集に対して2.5億円の応募があった。2016年度以降は生活クラブ生協の自己資金（出資金）と生活クラブ共済連からの0.5％の低利の借入により貸付原資の1億円を調達している（依知川 2019）。

　融資条件は表7-2のとおりである。また、融資後の支援としては、就労や傷病などで返済が滞る場合は生活再建と返済計画を組み直す。また必要に応じ、就労支援や貧困の連鎖を防ぐための支援をしている。

　2015年4月の相談室の開所から現在に至るまでの実績は以下のとおりである（2020.3.31現在）。

　相談・受電2,184件、面談947件

　貸付契約締結419件（生活支援資金196件、債務返済資金223件）

　のべ契約者数225人（男性141人・女性84人）

　貸付額300,800千円、貸付残高128,991千円

　遅延件数43件、遅延金額31,032千円

　複数回の利用により、貸付契約の締結数と貸付者数が異なっている。返済中の貸付契約は185件あり、その貸付契約のうち18件が返済条件（返済回数や期限）の変更を行っている。

　いくつかの自治体に限られているが、納税相談の窓口に「くらしと家計の相談室」のリーフレットが置かれており、納税相談の窓口を訪れた人がリーフレットを手にすることができるようになっていて、自治体の収税担当との連携がすすんでいる。そのこともあり、納税のための貸付の相談が増えている。そのような相談者の多くは、他の債務の返済も抱えており、債務整理や、生協の貸付で一本化することで月々のキャッシュフローが改善できる人が多い。中には

古くから消費者金融と取引があり、過払い金が発生しているのではないかという事例も数件あった。取引履歴を取り寄せてもらい引き直し計算をして見せることもある。過払い金がありそうなときは、千葉県弁護士会所属の弁護士につなぎ、対応してもらっている。「くらしと家計の相談室」では細かく家計状況を聞き、家計収支表を相談者と一緒に作成することを通して「見える化」し、改善点を共有することから始めている。これは収税の窓口では荷が重いと思われる。「見える化」し、改善点が明らかになるころには、相談者の顔に変化が見られ、先が見えた時の安堵感が明らかに顔に出る。貸付は300万円、返済60回を上限にしている。実感としておおむねカバーできる金額と返済回数である。

事例3-(1)-1 年金世代で固定資産税滞納のケース

【属性】60歳代　男性　夫婦二人暮らし

【主訴】固定資産税を滞納し、年金差押で収入減になったために3社からのキャッシングで生活費を補填、返済が家計を圧迫している。

【対応】

・3社のキャッシングと車のローン計約150万円を36回返済で借り換えた。

・返済のキャッシュフローが8.8万円／月から4.8万円／月に改善した。

・ただし、住宅ローンが夫80歳までの契約であることから、妻も働いて収入を増やすことや生活費全体を縮小することを検討課題とした。

事例3-(1)-2　滞納税金を貸付で解決した事例

【属性】40歳代　男性　独居

【主訴】過去の国民健康保険料や市県民税、自動車税などを約100万円滞納。市役所から、給与差押の予告があった。差押になると月に約10万円しか手元に残らないので生活ができない。

【対応】

・家計表を作成したところ、消費者金融2社80万円と車のローン20万円の返済があり、差押になれば返済ができなくなることがわかった。

・まず、消費者金融①は弁護士につないだ。債務整理により、残高以上の過払

い金が発生することがわかり、①は完済できた。

・消費者金融②と車のローン、滞納税金を相談室がまとめて貸し付けすれば差
　押を回避できるし、月々の返済金額も返済可能と判断できたので、117万
　円・60回で貸付実行した。その後、消費者金融①の過払い金にて相談室貸
　付も完済となり、ローンも滞納税も解決できた。

事例3-(1)-3　非正規雇用における転職のケース

【属性】派遣社員　30歳代男性　母親と二人暮らし

【主訴】人間関係がうまくいかず転職を希望している。初任給までの生活費、
通勤費返還、車検費用などが必要である。債務整理経験者のため金融機関で借
入ができない。同居の母親ともお金の相談ができない。

【対応】

・相談者、母親、相談員の三者で面談を実施し、家計の全容を明らかにしたう
　えで、22万円22回返済の貸付を実行。

・貸付後も三者面談を重ねることで親子の会話が進み、家計が改善された。

・ストレスによるネットゲームの課金も減っていった。

・転職により直接雇用の契約社員になれた。転職後、残業なし副業禁止のため
　に厳しい家計状況であるが、住まいの更新料や次回の車検費用などを貯めな
　くてはならない。そのために通信費や生命保険料などの見直しの検討を提案
　している。

事例3-(1)-4　母子家庭の教育費貸付のケース

【属性】40歳代　子ども二人の母子家庭

【主訴】次女の高校学費として母子寡婦貸付の追加を希望。社会福祉協議会の
転宅費も利用しており、返済計画を立てるための家計相談の必要がある。入学
時の学費は、社協の教育費・母子寡婦貸付・銀行のカードローンでまかなっ
た。銀行のカードローンはリボ払いで返済の見通しが立てられず不安。県外の
私立高校に行くために県の学費助成が受けられない。

【対応】

・家族会議で①長女が家に入れるお金を増やす②次女がアルバイトをする③学

校独自の給付型奨学金を利用する④通信費の見直しをすることが決まった。
・さらなる家計収支の改善のために銀行カードローンから金利の安い相談室の
　貸付に借り換えた（93万円、60回返済）。

事例3-(1)-5　社協貸付適用外、くらしと家計の相談室で貸付実行の事例

【属性】50歳　女性　夫と小6の子の三人暮らし

【主訴】子どもの中学校入学準備金のことで社協に相談したが、中学入学に関する貸付費目がないので却下されてしまった。

【対応】

・相談者は自己破産の経験があり、夫は個人再生の最中で月5万円の返済をしている。

・夫の個人再生で住宅を手放した際に、高い家賃の家に転居したため、月々の家計は依然苦しい状態。幸いなことに夫はボーナスがあるので年間としては少し余裕がある。

・中学校の入学費用はどうしても必要なものだが、どこからも借りられない夫婦なので、相談室貸付で支援をした。22万円、ボーナス併用18回。

・なお、その後高い家賃を下げるために、夫のボーナスと相談室の増額貸付を利用して低家賃の賃貸住宅に転居し、月々の家計が改善されている。

(2)　無利子無担保の超少額貸付アリエッティ基金

　2010年頃から生活クラブ生協をはじめとする生活クラブ千葉のグループの団体の中でプロジェクトを設置してセーフティネット貸付の必要性についての議論をしていたが、必要性は確認できたものの実現に向けての議論が足踏み状態であった。すぐに実現が難しい中にあっても少額の貸付が必要な相談者が多くいたことから、任意団体「生活再生支援センター」（事務局団体：特定非営利活動法人VAICコミュニティケア研究所）は、グリーンコープや信用生協の先進事例を参考に2010年に基金を立ち上げ、「アリエッティ基金による少額貸付」を始めた。その後、生協法改正を契機に生協による貸付事業の具体的な準備が進み、2015年4月より生協法に基づく事業として生活クラブ生活協同組合による「生活再生・相談貸付事業」が開始した。生協によるセーフティネットの貸

付事業が開始された後もアリエッティ基金はそのまま現在まで継続している。むしろ、生協によるセーフティネットの貸付事業が開始された2015年以降になってアリエッティ基金の動きは激増した。

　アリエッティ基金利用の理由は、「仕事探しをするための交通費がない」、「仕事に就くことができたが給料が入るまでの生活費がない」というものから、「財布を落としたことで生活費がない」、「所持金が数百円しかない」というものまで多岐にわたっている。

　アリエッティ基金の情報が県内に広がっており、生活困窮者自立支援事業の窓口からつながるケースも増えてきた。各地の生活困窮者自立支援事業の窓口の相談員から連絡が入り、貸し付けることになったケースに関しては、相談対応を直接するわけではないので、返済までのフォローや支援を生活困窮者自立支援事業の窓口の相談員がしており、相談者に対してアリエッティ基金の管理組織から直接連絡することはない。

　アリエッティ基金設立当初のルール（表7-2）は少しずつ変化してきている。一番大きい変化は、返済期間の長期化である。当初のルールでは原則1か月で一括返済としていたが、1か月で返済してもらえるケースの方が少なくなってきており、一括返済ではなく、分割返済というケースも出てきている。

　例えば、生活費が足らずにかなりの無理をしてからアリエッティ基金を借りにきているために、アリエッティ基金の返済が後回しになるケースも多くある。

　また、緊急のつなぎ資金という性格上、原則1回としているが、リピーターも増えてきた。これは、アリエッティ基金の貸付で目の前の困りごとには対処できても生活そのものが改善されていないことを示している。

　生活クラブ生協くらしと家計の相談室の貸付や社協の緊急小口資金の実行までのつなぎ、あるいは社協貸付を申し込むために必要な住民票を取るための費用としてアリエッティ基金を利用するケースもある。

　アリエッティ基金立ち上げに際して貸付原資を集めるために関係者、支援団体に対してカンパや寄付のお願いをした経過はあるが、それ以外はこれまでに一切広報活動をしていない。つまり、リピーターを除き、相談者自らがアリエッティ基金を貸してほしいというのではなく、「今」現金がないと困っている

表7-2　アリエッティ基金と他のセーフティネット貸付との対比

	アリエッティ基金	生活クラブ生協の貸付	社協の緊急小口資金
貸付対象	生活の立て直しのために生活費など緊急的で少額な資金の貸付支援を必要とする場合	・貸付を行うことで家計の再生が見込める方 ・一定の収入があり、生活再生の手段を講じることで返済が可能な方	・緊急かつ一時的に生計の維持が困難となった場合 ・生活困窮者自立支援事業の利用
貸付金額	上限30,000円	限度額300万円以内の必要額	100,000円以内の必要額
利子	無利子	年9.0%	無利子
申込から資金交付	相談員判断でその場で手渡し	最短5日	最短5日
申込窓口	VAIC-CCI くらしと家計の相談室	くらしと家計の相談室（千葉市中央区）	居住地域の社会福祉協議会
返済	面談の際に現金で手渡し返済	元利均等返済方式、他	原則として口座引き落としで月賦返済
返済期間	基本は1か月	原則最長5年	12か月以内
連帯保証人	不要	原則として「生活伴走人」（弁済義務を負わない）が必要 「連帯保証人」が必要な場合もあり	不要
必要書類	借用書の記入	借入申込書 本人確認書類（免許証等） 収入証明書類（給与明細等） 借入の現況を示す書類（残高証明等） 個人情報同意書（指定信用情報機関への照会、報告の同意）	借入申込書 発行3か月以内の世帯全員分住民票写し 身分証明書 健康保険証 収入証明書 口座振替依頼書
その他		融資の場合は生活クラブ生協への加入が必要 加入出資金1,000円	過去に社協からの貸付を受け返済が残っている場合は不可

出所：生活クラブ千葉グループ内部資料

という相談者に対して相談員がその対応としてアリエッティ基金を提案するという特徴がある。すなわち、アリエッティ基金の貸付利用者は生活困窮者自立支援事業の相談者あるいは生協の貸付事業の相談者のどちらかということになる。

　アリエッティ基金が相談者に有効に機能している最大の理由は、金額は少しであっても「今」必要という人に「今」対応できるということである。また、貸付を受けるのに提出しなくてはならない書類がないということで「今」「その場」の貸付が可能になっている。

表7-3　年度別貸付件数と金額、および貸付残高

	VAIC-CCI	くらしと家計の相談室	合計件数／貸付金額
2013年度 9月〜3月末	1件／30,000円		1件／30,000円
2014年度	3件／70,000円		3件／70,000円
2015年度	30件／389,000円	31件／597,000円	61件／986,000円
2016年度	10件／164,000円	78件／1,708,000円	88件／2,858,000円
2017年度	23件／401,000円	64件／1,239,000円	87件／1,640,000円
2018年度	14件／355,000円	65件／1,486,000円	79件／1,841,000円
2019年度	46件／1,057,000円	80件／1,796,000円	126件／2,853,000円
計	127件／2,466,000円	318件／6,826,000円	445件／9,292,000円

出所：生活クラブ千葉グループ内部資料

　相談者は相談に来る前に自分で何とかしようとあれやこれやの手を尽くし、どうしようもなくなってから相談に来ることが多く、相談に来た時にはほとんど手持ち金がない状態になっている場合もある。そのような状態になってから相談に来る人には、たとえ社協の緊急小口や生協の貸付の条件を満たしていたとしても、最短でも5日という日数が待てないことが多々ある。ケースとしては以下のようなことがある。

＊今日中に携帯電話代金を支払わないと、携帯電話が止められてしまい、就職活動にも影響を及ぼす。

＊今日中に電気代（ガス代）を支払わないと、電気（ガス）が止められてしまう。

＊これまでに書類選考で落とされていたが、今回やっと面接が決まったが、交通費がないので面接に行くことができない。

＊仕事がやっと決まり、明日から仕事に行きはじめるが、初月給が入るまでに生活費がない。

＊生活保護を申請したが、決定までに間があり、それまでの生活費が全くない。

＊特別出費が続き、次の年金受給日までに生活費が足りない。

・「伴走し支援する相談員がいること」がアリエッティ基金の唯一の貸付条件

でもあり、相談員の存在がいわゆる担保と言える。

・損金が発生するケースは、相談員が相談者との連絡が取れなくなるケースがほとんどである。予定の返済日を過ぎても返済がされないケース、当初一括返済の約束であったものが分割返済になるケースなども多くあるが、相談員との関係性が継続している場合には時間がかかっても損金にはならず、相談員による継続支援の中で計画変更をしながら、生活を再生し自立に向けての支援が続いているということになる。

・今後、いろいろな地域でアリエッティ基金貸付のように、「その場」で「少額貸付」できる仕組みがあると、有効な支援になるだろうと思われる。

・基金を立ち上げた2010年からこれまで10年間の実績は表7-3のとおりである。生協の貸付事業の開始に伴い、件数は一挙に増えた。

　生協の貸付事業は申し込みから資金交付までに最短で5日間かかるために、その間をアリエッティ基金で対応し、貸付資金交付の際にアリエッティ基金を自動的に返金する形で、貸付前の準備金的な要素になっている。

事例3-（2）　一括返済から分割返済へ　生活再生計画を変更したケース

【属性】62歳父親と25歳娘（精神障害）の二人暮らし

・娘の障害年金の更新手続きが遅れたことから、その間の収入は父親の給与だけとなり、家賃滞納や水光熱費滞納、携帯電話代金滞納が発生して生活困窮者自立支援窓口とつながり支援が始まった。

・フードバンクの利用やアリエッティ基金3万円で急場を凌いだものの、父親の会社からの給与の前借りやカードの支払いもあり、収支バランスが大きく崩れてしまった。

・障害年金更新手続きを支援し、遡及も認められたが、支出のコントロールができず、また、お金が足らなかった期間のリバウンド状態で、遡及で入った障害年金もあっという間に使い果たしてしまった。

・その後、父親が退職したことで再び生活保護となり、父親の老齢年金と娘の障害者年金と生活保護費で生活している。

・支出のコントロールができないことから、常にお金が足りない状態で携帯電話代金滞納、水光熱費滞納、家賃滞納を繰り返していた。年金受給日前、生

保受給日前には食べるものがないことも度々であったことから、社協の日常生活自立支援事業を導入することになった。

・アリエッティ基金の返金は、一括返金から分割返金に変更した。

4　金融包摂に向けて求められる対策

これまで多くの相談現場での経験から考えると、毎月の収支を安定させることや各種手続きの支援をすることが生活基盤を整えることにつながり、そのことで金融サービスにつながりやすくなると思われる。

(1)　毎月収入の安定

家計収支のバランスを崩す原因として毎月の収入にばらつきがあることがあげられる。また、年金受給が2か月毎であることが毎月の収支バランスを崩す要因になっているケースも多い。

毎月の収入が安定すれば家計支出の計画が立てやすくなり、計画のとおりに支出されれば、収支のバランスも整うことになる。さらに、家計支出の計画の中に少額でも貯蓄に回すお金を組み込めれば、計画的に貯蓄もできるようになり、貯蓄があれば突然の支出にも対応できることになる。また、突然の支出のために貸付を受ける場合でも、家計収支計画が立てられていれば返済計画も立てやすくなり、金融サービスも受けやすくなる。

(2)　手続き支援の必要性

相談者の中で郵便物などによる通知を放置している人はかなりの割合で存在する。放置している原因として債務の督促で精神的に追い込まれている場合などは「督促状を見るのもいやだ」という状況に陥っていることもあるが、そもそもの生活習慣として「郵便物を整理しない」「封を開けない」「後回しにする」「放置する」といった相談者も相当数存在する。郵便物の封を開けたとしても中に入っている通知文などの内容が理解できず、結果として放置されていることもある。封を開けていない、あるいは放置されている郵便物の中には、制度の更新を通知するものや新たに申請をしないと使えない制度の案内なども

含まれており、放置された状態で期限切れになってしまうことも多い。多くの制度は申請手続きをしなければ利用できないものであることから、タイムリーな手続きに導けるような支援が必要となる。また、督促状や催告状なども放置せずに支払期限までに対応するなどの行動がとれれば、傷口が広がらずに済む場合もある。具体的な支援とは、「通知文の内容をわかりやすい言葉で説明する」「本人に同行し窓口に行き、本人が手続きをすることに寄り添い支援する」「本人から委任状をもらい、代理人として窓口に行き手続きする」などがある。

　生活困窮者にとってどのような金融サービスが必要か、何が不足しているかを考える一方で、現在すでにある仕組みの中で金融排除されないようにどのような支援ができるかを考えることも必要であると思われる。特に、昨今のITの急速な進歩は金融サービスにおいても同様であり、それらの進化に取り残される高齢者やITを使いこなせない貧困者にとっての手続き支援も重要であると思われる。

参考文献
依知川稔（2019）「生活クラブ生協（千葉）の生活相談・家計再生支援貸付事業」『生活協同組合研究』
　　519：45-52。

コラム8

家計収入の非平準化はやりくりを難しくする

　ムッライナタンとシャフィールは"*Scarcity*"『いつも「時間がない」あなたに──欠乏の行動経済学』（大田直子訳、早川書房、2017）でトンネリングとジャグリングという概念を示した。トンネリングは、目先の欠乏に対処することに集中し過ぎて将来を見通せないこと、ジャグリングは、欠乏を解消するために目下の課題を次から次へとやりくりして解決することを指し、ジャグリングはトンネリングの論理的帰結であるとした。たとえば借金返済の期日が迫っているが手元に余裕がない場合、高金利でも借金したり、借金を返済するためにさらに借金を重ねて当座をしのぐという行動が当てはまる。

　母子生活支援施設入所中の母親の例では、次のような現象が起きている。つまり、手当の「まとめ払い」と収入を得る「時間軸のばらつき」である。児童扶養手当の支給回数は、2019年11月から年6回に変更されたが、児童手当や特別児童扶養手当は、引き続き4か月分が年に3回支給である。また、手当や生活保護費が振り込まれる日にもばらつきがある。自治体によっても異なるが、保護費が振り込まれる日は概ね毎月末で、児童手当日は概ね毎月11日、児童扶養手当日は概ね毎月10日とまちまちである。これらの振込み日を把握した上で、家計収支をコントロールすることは難しい。

　さらに、就労収入のある生活保護受給世帯は、就労収入を得た月の翌月に収入認定を経て保護費が支給されるため、就労収入が不安定な場合は保護費が正確にわからないこともある。一方で、家賃や光熱費などの固定費は毎月支払いが求められる。このように、毎月の収入の非平準化は、必然的に家計の「欠乏」を生み出しやすい。所得保障に寄与する社会保障や社会福祉のありようが、ゆとりのない世帯の家計管理を難しくしている。（佐藤　順子）

第 8 章

震災被災者の金融排除・金融包摂
——岩手県釜石市を例に

小関　隆志

はじめに

　日本では地震や台風などの大規模な自然災害が繰り返し生じており、その被害は極めて深刻である。自然災害による被害は住宅・家財の壊滅や失業、地域コミュニティの喪失など多岐にわたるが、被災者が発災直後の危機的状況を脱し、生活を立て直すために欠かせない要素の一つが金融である。当座の生活費も、住宅の建設や補修の費用も、家財や自動車の購入費も、あるいは再就職のための費用も必要になる。

　被災者は、金融の機能を使って生活を立て直すことができているのだろうか。被災者に対する金融包摂の政策や事業は充分に機能しているのか。本章は東日本大震災の被災地、岩手県釜石市を例に、被災者が直面する金融の問題と、金融包摂のあり方を考察したい。なお、本章では紙幅の都合上、事業者ではなく消費者の金融包摂に限定して考察する。

1　震災被災者の金融排除

（1）なぜいま震災被災者の金融排除を取り上げるのか

　震災に特有の金融排除の問題とは何だろうか。まず震災の場合には、震災が起きた地域の住民が一斉に被災し、住宅や家財などの資産を失ってしまう。また、個人資産だけにとどまらず、公共施設や金融機関、道路、鉄道など地域のインフラが壊滅的な被害を受け、被災地の住民全体に震災の影響が広く及ぶ。

　しかも、震災の発生自体、いつどこでどの程度の震災が生じるかはほとんど予測不可能である。また震災後は、住宅の再建や就業など、被災者を取り巻く情勢が今後どうなるのかという予測は困難であり、お金を借りる時に、数年後の収入見込みや返済計画を立てることにも限界がある。

　他方、震災の被災地には支援のための多くの資源が投入され、金融に関しても、二重ローン対策や利子補給の補助金といった時限的な金融包摂策が大規模に行われるが、これも震災と金融の関係を象徴する特徴といえる。

　上記のように、被災地には住民全体の被害、予測の不可能性、時限的な金融包摂策といった独特の金融排除・金融包摂の特徴がある。

　震災から年月の経過とともにマスコミで注目されることが少なくなる。東日本大震災が起きてから9年以上が経った今日、被災者の直面する困難も次第に見えにくくなってきている。だが、長期間経過後の今だからこそ、過去の施策の有効性を検証することが可能である。

（2）金融排除・金融包摂の観点から何がいえるのか

　被災者に対する金融面の支援としては、金融機関が借金返済を一時的に猶予したり、自治体が金利負担を補助したりと様々なメニューが用意されるが、保険、給付、貸付と各々の枠内で制度を論じる傾向にある。利用者の立場から見ると、ある人にはどの制度も当てはまらないとか、複数の制度を組み合わせても生活再建には足りないといった問題が生じ得る。

　金融排除と社会的排除は相互に連鎖する性質を持っており、金融排除が他の社会的排除の原因になったり、金融排除の結果として他の社会的排除が生じた

りすることがある。お金が借りられずに住宅補修できない、病気の治療が受けられない、家業を再開できないなど、適切な金融サービスがないことによる社会的影響は小さくない。

　金融サービスにアクセスできない場合だけにとどまらず、金融サービスの利用によって消費者の家計が破綻するといった否定的な影響をもたらす場合も、金融排除に含まれる。金融サービスが消費者にとって適切なのかを見極める必要があるといえる。ただし、ある金融サービスが消費者にとって適切かどうかというのは、時期によっても変わってくる。消費者の状態や、消費者を取り巻く社会・経済が震災からの経過とともに変化するからである。そのため、状況の変化に合わせた調整も必要になる。

　したがって、被災者の視点から支援制度の持つ問題点を検証し、改善を図るため、金融排除・金融包摂の観点が重要だといえる。

2　地震保険

　自然災害のリスクに対する備えとしては保険があり、住宅や家財、自動車などの資産に火災保険や地震保険が用意されている。欧米諸国においても地震や洪水、暴風雨など自然災害に対する保険制度が発達しているが（織田 2007）、特に地震多発の日本では、地震保険の役割は大きい。

　明治時代以降、震災のたびに地震保険の必要性が訴えられてきたが、地震保険制度が作られたのは1966年になってからであった[1]。制度創設当初は建物が全損の場合にしか保険が適用されず、火災保険の契約金額に対する地震保険の契約金額の割合も30%にとどまり、制約が大きかったが、その後の度重なる地震を受けて制度が拡充されていった。特に阪神淡路大震災では地震保険の支払額が783億円と、当時では史上最高の額となった[2]が、建物には1,000万円、家財には500万円までと加入限度額が低く、被災者の生活再建には不十分であったため、震災の翌年に建物5,000万円、家財1,000万円に引き上げられた。また東日本大震災では地震保険の支払額が初めて1兆円を超え、政府が民間損保会社の保険金負担を約5,000億円肩代わりするとともに、地震保険の支払限度額を5.5兆円から6.2兆円に引き上げた[3]。その後も耐震割引制度を導入・拡充

したり、総支払限度額を引き上げたりして現在に至っている[4]。加入率は1993年には7%にまで低下したが、その後は上昇を続け、2018年は32.2%になった[5]。

　地震保険の加入率は上昇しているものの、保険料の高さと保険金額の低さによる「割高感」による加入率の低さが、以前から指摘されてきた。この割高感は、保険料率が年々引き上げられている反面、契約金額は火災保険の契約金額の30〜50%にとどまるためである[6]。地震保険法の定める保険の目的は「被災者の生活の安定に寄与すること」であり、当面の生活費を賄うことにあるが、保険加入者自身は保険金を住宅の建築修繕や家具の修繕・再購入に充てることがほとんどであり（野崎2013）、住宅再建の財源として期待されている。しかし住宅再建には金額が足りない。

　こうした割高感のある掛け捨ての保険制度のため、世帯年収が高い世帯ほど加入率が高い傾向にある。加入者の多くは中所得者以上であり、彼らは地震保険金がなくても貯蓄によりある程度は当面の生活を賄うことができる。他方で家計に余裕のない世帯はあまり加入していないため、当面の生活費を賄うためという地震保険の目的とは逆行していると指摘されている（野崎 2013）。アンケート結果では、世帯所得による加入率の差が明確である（図8-1）。近年で

図8-1　地震保険・共済世帯加入率（アンケート結果）

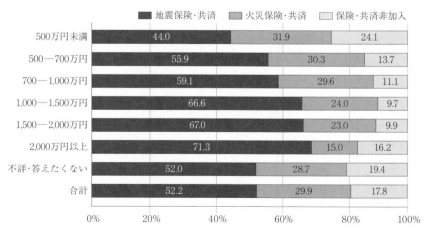

注：住まいの損害保険及び共済の加入状況アンケート（損害保険料率算出機構2014年8月実施）。
出所：内閣府防災担当「参考資料　保険・共済による災害への備えの促進に関する検討会報告」より筆者作成

は、家計に余裕のある世帯に対して、損保会社が「上乗せ」保険を販売し始め
ている。損保ジャパン日本興亜は2017年から「地震危険等上乗せ特約」を販
売し、地震保険金とあわせて火災保険金額の100％まで補償する[7]。いわゆる
二重ローンの回避には有効だが、こうした地震保険の「商品化」が、被災者間
の格差拡大にもつながり得る。

　日本の地震保険が任意加入であることも問題をはらんでいる。任意加入だ
と、震災の際に非加入者（その多くが低所得者）が困窮に陥る。阪神淡路大震
災後、政府は地震保険の強制加入制度を検討したが、法改正に時間がかかるこ
となどから見送られ、今後の検討課題となった[8]。兵庫県は1995年10月、年間
1.2万円程度の保険料で、大地震により全半壊した住宅の復興を全国規模で目
指す「住宅地震災害共済保険制度」の試案を発表したことがある。阪神淡路大
震災で、地震保険が充分な役割を果たさなかったという反省の上に立ち、全国
一律の保険制度を設けることを国に提案した[9]。

　強制加入方式にすると、リスクを低く認識している者に不満がある、リスク
軽減のインセンティブが働きにくい、といった問題点も指摘されており[10]、任
意加入と強制加入のどちらが一概に優れているとは断定できない。しかし、任
意加入ではリスクの程度による保険料額の細分化を要するが、リスク細分化を
さらに進めると、地震や津波などのリスクの高い地域に住む住民は高い保険料
を払わなければならず、保険から排除されることが懸念されている[11]。黒木
（2013）は、日本全国どこにおいても地震リスクは相当程度高く、地震予知の
精度が大雑把な確率論にとどまる現状からすると、国民を納得させる地震保険
料率の決定は不可能であり、国民の連帯の観点から、同一の料率設定のほうが
むしろ納得感が得られること、またシビルミニマムの地震保険の強制保険化が
必要であることを論じた。

　地震保険という、震災時のセーフティネットの機能不全が、被災者の困窮を
生む要因の一つになっているのではないか。

3　住宅ローンの債務免除

　自宅が損壊した被災者にとって深刻な問題がいわゆる二重ローン問題であ

る。損壊した自宅のローンを抱えながら、新たに自宅を建てる費用を負担しなければならないからである。

約18万戸が全半壊した阪神淡路大震災では、一つの変化があった。震災直後、1995年2月16日に林正和近畿財務局長は二重ローンの問題に対して、「基本的に民間金融機関の契約であり、生じたローンは民間で負担すべき問題」と述べ、政策支援は不要との見解を示した。しかしそれから間もない翌3月に政府と兵庫県は、被災者の住宅再建を支援するため、5年間をめどに住宅ローンの利子補給策を決めたのである[12]。

5年分は実質的に無利子にするという、当時としては画期的な支援策だったが、被災者にしてみれば数千万円の住宅ローンに占める利子分はわずかであり、震災から3年が経った1998年に神戸市で行われたアンケート調査では、仮設以外の一般住宅に住む7人に1人が住宅再建のために二重ローンを経験していた[13]。二重ローンの重い負担を避けるため自宅再建を断念した被災者もかなりの数にのぼるとみられている。

東日本大震災では、政府は「ローンを積み増す形ではない」救済の方針を打ち出したが、結局のところ政府は債務の肩代わりをせず、債務の減免は金融機関の自主的な判断に任せ、弁護士費用の補助にとどめた。全国銀行協会が事務局を務めた研究会が2011年7月に「個人債務者の私的整理に関するガイドライン」（以下、私的整理GL）を取りまとめ、自己破産よりも少し有利な条件で債務整理ができることとした。

阪神淡路大震災に比べて、東日本大震災で債務免除が実現した点は大きな進歩だった。私的整理GLは、手元に500万円までの現預金や義援金などを残した状態で債務免除を申請でき（自己破産の場合は100万円未満までしか手元に残せない）、また信用事故情報（ブラックリスト）に記録されないので、債務免除後も新たに借り入れができる。ただし私的整理GLは法的拘束力がなく、金融機関の裁量に委ねられている[14]。

政府は2011年8月の私的整理GLの開始当初、1年間で1万件の利用を見込んだが、2012年8月末までの1年間の成立件数はわずか70件で、東北財務局長は「被災者の総数を考えれば現時点の件数はやはり少ないといわざるを得ない」と危機感を表した（北村2012）。私的整理GLの周知活動は行われたが[15]、岩

手・宮城・福島3県での意識調査（2014年）によれば、住宅ローンを抱える仮設住宅入居者のうち、私的整理GLを知っていたのは41.7％と半数以下だった[16]。金融機関が周知活動を徹底せず、被災者をローンの返済条件変更に誘導したとの批判もあるが[17]、私的整理GLの成立件数は結局1,400件弱にとどまった。

　東日本大震災では、発災から私的整理GLの運用開始まで5か月かかり、その間に多くの被災者が困窮したので、災害救助法が適用された他の自然災害にも同様の仕組みを適用できるように、全国銀行協会を中心とする研究会が2016年「自然災害による被災者の債務整理に関するガイドライン」の運用を始めた[18]。この直後に起きた熊本地震では、このガイドラインが初めて適用された。しかしこのガイドラインの認知度も低く、債務免除の実績も伸び悩んでいるという[19]。

　制度は少しずつ改善に向かってはいるが、金融機関が債務免除の負担を被る制度を金融機関の裁量と善意に依存して運営するという弱点を放置すれば、ガイドラインで救済される被災者は今後もごく限られた数に留まるおそれがある。また、ガイドラインで救済されたとしても、新たに住宅ローンを組めるのは安定収入のある人に限られる。

4　給付金・貸付金

（1）被災者生活再建支援金

　被災者に対する国からの現金支給は、災害弔慰金法に基づく災害弔慰金と災害障害見舞金があり、災害弔慰金は生計維持者が死亡した場合500万円、その他の死亡の場合250万円が支給される制度である。災害障害見舞金は重度の障害を負った場合、生計中心者は250万円、その他は125万円が支給される。だが、阪神淡路大震災の際に、弔慰金や見舞金の対象にならない被災者には給付金がなく、生活再建に苦心した。

　その反省に立って1998年に成立した被災者生活再建支援法は、住宅が損壊した被災者に給付する被災者生活再建支援金（以下、支援金）の制度を定めている。法成立当初は上限100万円だったが、2004年の法改正では200万円、2007年には300万円に引き上げられた[20]。

　2007年の制度改正は、上限額の引き上げとともに、使途制限の撤廃や、申請手続きの簡素化がなされた。かつては、公的資金を個人の資産形成に使えないとの制約があり、支援金を住宅の補修や購入に使えなかったが、使途の撤廃により支援金を住宅にも使えるようになった。支援金は、基礎支援金と加算支援金の2つからなり、金額は50〜300万円の幅がある。

　東日本大震災においては、宮城県で12.4万世帯に約2,100億円、福島県で3.3万世帯に約630億円、岩手県で2.3万世帯に約421億円の支援金が支給された[21]。この支援金は、全国から寄せられた義援金や、自治体独自の各種補助金とともに、被災者の生活費を支えた。被災地では一時的に生活保護の保護者数も下がった。2007-2010年度は金融危機後の不況で保護者数が急増し、全国規模ではその後も高止まりをみせているが、被災3県は2011-2012年度にかけて保護者数が顕著に減少した（図8-2）。

　しかし特に貯蓄が少なく、地震保険に未加入の被災者にとって、支援金や災

図8-2　生活保護　被保護実人員数

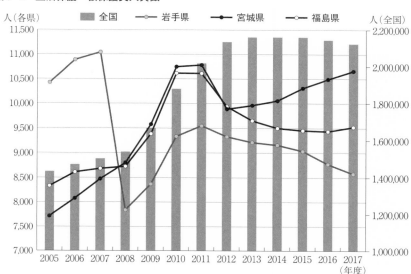

出所：厚生労働省社会・援護局の各年度「被保護者全国一斉調査／基礎調査」（2011年度以前）、「被保護者調査（月次調査）」（2012年度以降）による

害弔慰金などの給付では住宅の再建には不足であった。

　2015年には野党4党が支援金を500万円に引き上げる支援法改正案を国会に提出したが通らなかった。各自治体は独自に「上乗せ」「横出し」措置による被災者への支給を行っているが、山崎（2006）は、こうした措置は「被災者支援が従来の法制度上の支給金額では不十分であるという認識に端を発している」と指摘する。

　2013年度以降、特に宮城県では支援金や義援金を使い果して生活保護に戻る人が増え、被保護者数が増加に転じた（図8-2）。保護率についても、被災3県は全国平均より低いものの、宮城・福島両県では2015年以降、増加に転じている（表8-1）。経済的に脆弱な被災者にとって、支援金が生活の安定にどこまで役立ったのかを検証する必要があろう。

表8-1　生活保護率の推移 (単位　‰)

年度	2012	2013	2014	2015	2016	2017
全国	16.7	17.0	17.0	17.0	16.9	16.8
岩手県	9.3	9.3	9.3	9.2	9.0	8.9
宮城県	7.8	7.9	8.0	8.2	8.4	8.6
福島県	7.6	7.5	7.4	7.7	7.8	7.9

出所：「被保護者調査（月次調査）」厚生労働省社会・援護局

(2) 災害援護資金貸付

　被災者に対する資金の貸付には、社会福祉協議会による生活福祉資金や、住宅金融公庫の資金などがあるが、なかでも災害援護資金貸付は特定の使途に制限せずに被災者に広く貸し付ける数少ない制度である（小田ほか2003、制度概要は本章末のコラム9参照）。金融機関から借りることの困難な被災者にとって、被災者に広く貸し付ける公的な資金は、被災者の当面の生活を支えるうえで重要な役割を果たしたと考えられる。

　1973年の災害弔慰金法でこの貸付制度が発足して以降、各地の自然災害の被災者に貸し付けられてきたが、そのたびに貸付金の未返済が問題視されてきた。高知市は1975～78年の水害と1998年の集中豪雨の際に貸した計29.5億円のうち3億円が未返済（2017年3月末）、名古屋市は2000年の東海豪雨の際に貸

した資金の約3割が未返済だった[22]。阪神淡路大震災では、貸付の未返済が大きな社会問題となった。

　阪神淡路大震災の際には、兵庫県内では22市町の56,422人が1,309億円を借りた。返済期限は当初10年間と定められていたが、10年後の2005年時点では未返済額が310億円もあったため、2006年に5年間の返済期限延長の措置が取られた。返済期限は延長が計4回繰り返され、自治体職員が未返済者への督促を続けたが、震災から年月が経つにつれて回収は困難となっていく。未返済者の多くは生活保護受給、自己破産、年金生活など返済の余力がなかったり、連絡が取れない状態であったり、連帯保証人も破産したりしたためだが、返済を免除する要件が明確になっていなかったために、自治体は督促を続けざるを得ず、未返済者は厳しい状況に置かれていた。

　阪神淡路大震災から20年以上経って、2015年に政府は自己破産や生活保護、少額償還を免除対象に加え、さらに2019年には住民税を除く年間所得150万円未満、預貯金20万円以下の世帯にまで返済免除の対象を拡大する方針を決めた[23]。神戸市では2019年7月時点で未返済が1,955件・約31億円残っており（連帯保証人に対する債権は神戸市が2017年8月に放棄した）、神戸市は未返済者の資力調査を改めて行って返済免除の可否を判断する方針を打ち出した[24]。

　阪神・淡路大震災救援・復興兵庫県民会議の岩田は災害援護資金の返済が被災者を苦しめている現状に触れ、同資金の「問題点は、大震災直後に国が被災者に直接現金給付、個人補償（公的支援）を行わなかったことに尽きます」と指摘する（岩田2002）。前述のように、阪神淡路大震災の教訓を踏まえて1998年に支援金の給付制度が設けられることとなった。

　東日本大震災は、阪神淡路大震災を上回る被害規模だったが、支援金の効果のためか、災害援護貸付金額は阪神淡路大震災に比べて少なく、2018年7月末時点で、約2.9万世帯が518億円を借り、うち被災3県がほとんどを占めた[25]。東日本大震災の特例により、据置期間は6年間（2年間延長可）なので、返済は2017年12月から本格的に始まったが、被災3県での返済状況調査によれば、返済期日が来た世帯の約半数が滞納していることが明らかになった（2018年7月時点）。「震災により勤務先が代わり収入が減った」、借りた人の高齢化により「年金収入のみで、日々の生活が優先となっている」など、生活の困窮が滞

納の主な理由であった[26]。6年間の据置期間の間に、被災者の生活状況が大きく変化し、病気や就職の失敗など、予期していなかった課題を抱えるようになったことや、原子力発電所事故の風評被害や長期間の避難生活など、資金を借りた際の想定以上に厳しい状況に置かれている[27]ため、返済が困難になっているのである。返済期日が到来していない人もまだ多いので、滞納の問題は時間の経過とともにさらに深刻になるおそれがある。

　経済的に困窮する一部の被災者が返済に行き詰まり、自治体も債権の回収に苦慮しているが、世論の主な関心は被災者の債務負担をどう軽減するかにある。法律家らでつくる保証被害対策全国会議は2011年3月、返済免除や連帯保証人の要件を緩和し、給付方式への意向を求める意見書を国に出した[28]。また東北市長会は2017年11月、返済免除条件の明確化や緩和など、制度改善の要望書を出した。兵庫県弁護士会は2018年5月「災害援護資金貸付の償還免除要件の緩和等を求める意見書」を政府に出し、返済免除の対象を経済的困窮者一般に拡大することや、相続人・連帯保証人の債務を免除することなどを求めた。石巻市は2019年7月、「災害援護資金貸付制度の見直しに関する要望」を政府に出し、返済免除の具体的な基準を明示することや、債権回収の経費に対して国が助成を行うことなどを要望した。これまでは、たとえば阪神淡路大震災の未返済者に対する返済免除を特別に認めたり、東日本大震災の特例を設けたりと、いわばその場その場の個別判断で問題に対処してきた面が強い。

　貸付金の性質上、借りた被災者はいずれ返済を求められるわけだが、延滞率や未返済率の高さから、貸付という方法自体に無理があり、返済の必要のない給付にすべきだという議論や、あるいは貸付と給付を柔軟に組み合わせた資金提供にすべきだという議論も現れている。確かに、受け取る側にとっては、返済の必要ない資金のほうが有り難いが、被災者は一様ではなく、返済ができる人もいればできない人もいて、貸付が有効に機能する場合もあるので、一律に貸付制度そのものの可否を断ずることは難しい。むしろここで考えるべきは、災害援護資金という貸付制度の特殊性であり、それに基づいて必要な対策を制度設計に組み込むことであろう。

　第一の特殊性は、貸し付ける時点で返済可能性を充分予測し得ず、返済可能性は貸付後も大きく変化し得ることである。一般的に貸付（融資）は、安定し

た収入や担保資産、信用履歴などを精査したうえで実施するが、発災直後は平時とは状況が大きく異なるので、通常の与信審査ができない。そのうえ所得制限をかけているので、中低所得の世帯（金融機関から見れば高リスク）が借りる。そのため、延滞や貸倒がどれだけ発生するかも予測がつかない。順調に就職できるのか、自宅を再建できるのか、高速道路がいつ開通するのか、原発事故後の立ち入り制限区域がいつ解除されるのかなど、不透明な要素が極めて多い。

　貸付後の生活状況の変化も大きい。仮設住宅から復興住宅への移転や、他県への避難、経営する企業の倒産や失業、避難生活中の発病など、震災を直接・間接の原因として家計が厳しくなり、返済が困難になることも少なくないが、資金を借りた本人の責任に必ずしも帰することはできない。

　第二の特殊性は、貸付制度の本来の趣旨が、生活基盤を破壊された被災者の生活再建に置かれていることであり、経済的に困窮する被災者に返済を強要することで困窮が強まるのであれば趣旨にそぐわない。返済がどの程度滞納しているかという金融的な視点よりも、貸付の結果が生活再建にどの程度貢献しているかという福祉的な視点を重視する必要があるのではなかろうか。

　被災者向け貸付制度が抱えるこうした特殊性を考えれば、資金を借りた被災者の生活再建に資するよう、返済減免の対応については、被災者に直接接する市町村に大幅な権限移譲を行うことが望ましいと思われる。

　災害援護資金は未返済問題に焦点が当たりがちだが、そもそもこの資金を借りた被災者は地震保険の加入率が相対的に低い中低所得者であり、住宅ローンの債務免除の仕組みが十分に機能しなかったことや、支援金の額は住宅の再建に不足することを考え合わせると、これらいずれの制度も、中低所得者の住宅再建にとって十分な資金供給の機能を果たし得なかったといえるのではないか。

　在宅被災者に対する支援が行き届いていなかったという問題もある。応急修理制度を利用して自宅を補修したために仮設住宅に入居申請ができなかった、加算支援金の受給や税金滞納のため災害公営住宅に入居できなかったという制度面の障害や、在宅被災者に情報がいきわたらなかったという問題も指摘されている[29]。多様な支援制度のメニューがありながらも、部分的に金融排除が生

じていたと考えられる。

5　岩手県釜石市の例

(1) 釜石市の被災と復興

　岩手県釜石市は2011年3月11日の東日本大震災で1,064名の死亡者・行方不明者、4,704戸の住宅の被災（市全体の29％）、1,382の事業所の被災（市全体の57％）と甚大な被害をこうむった[30]。その後、2013年に復興公営住宅の第1号が竣工し、市の代表的な産業である漁業や水産加工業の復旧や、港湾の再整備、市中心街の再生など、復興が進んでいった。

　2019年には三陸沿岸道路と東北横断自動車道釜石秋田線の開通、三陸鉄道リアス線の全線開通、鵜住居復興スタジアムでのラグビー・ワールドカップの試合開催が、市の復興を内外に強く印象づけた。また、震災から8年を迎えた2019年3月11日には、「釜石市防災市民憲章　命を守る」を制定するとともに、3月23日には、東日本大震災での出来事を伝え、子どもたちの防災学習の拠点となる施設として、釜石市鵜住居地区に「いのちをつなぐ未来館」を開設した。

　だが他方では、釜石市は長期にわたって人口減と高齢化が続いており、特に震災の前後の1年間で約1,800人減と、落ち込みが大きかった。1998年度に約48,000人だった人口は、2018年度には約33,400人に下がった。海岸のかさ上げ、大型の建物や鉄道・道路など建設工事が一段落し、建設関係の求人が減少していることもあり、釜石地区（近隣市含む）の有効求人倍率も2019年7月に1.17と、岩手県内の最低水準となっている。

　被災した自治体は各々、独自施策として被災者への多様な補助金制度を打ち出したが、岩手県や釜石市も補助金制度を設けた。特に持ち家の住民が住宅を新たに建設・購入する費用や、元の自宅を修繕する費用の補助、住宅ローンの利子補給、かさ上げや引越し・水道工事・浄化槽整備などへの補助制度が設けられた。

（2）災害援護資金

　被災者の多かった釜石市では、岩手県内で先陣を切って 6 月 24 日に災害援護資金の貸付業務を始めた[31]。2019 年 7 月末時点で計 224 件、約 5.5 億円を貸し付けたが、件数は県内で最も多く、県全体の 2 割に相当する規模であった。県内では、ほかに陸前高田市や山田町、大船渡市、宮古市といった沿岸部の市町が大多数を占める。

　貸付の資金使途は、生活費が 24.6％で最も多く、次いで住宅改修 21.0％、車購入 16.1％と続いているが、住宅・家財関連を合わせて 56％に達する。

　224 件のうち支払期日が到来した 101 件をみると、この中で滞納者が 58 件（遅れながらも返済している人が 11 件、全く返済していない人が 45 件）と、滞納者は 36％にのぼった（2019 年 7 月末）。市職員の聞き取りによれば、滞納者はみな生活困窮であり、自己破産者も含まれていた。返済できない人には無理な督促をせず、延滞金も課していないとのことである。ただ、仮に 350 万円を借りた人が 7 年間で返済する場合、半年ごとに 25 万円ずつの返済となるので、生活困窮者にとっては負担が重いだろう。

（3）生活福祉資金

　被災者に対して、災害援護資金の補完的な位置づけとして少額の貸付を行っていたのが、社会福祉協議会（社協）の運営する生活福祉資金である。生活福祉資金の多様なメニューの中でも被災者を対象としたものとして生活復興支援資金や緊急小口資金（特例貸付）などがある。

　生活復興支援資金は東日本大震災後、生活福祉資金の中に設けられた新しいメニューで、公的給付や必要な資金の貸付を他から受けることが困難である低所得世帯向けに、「一時生活支援費」「生活再建費」「住宅補修費」を貸し付けるものである。厚生労働省社会・援護局長が 2011 年 5 月 2 日付で各都道府県知事に通達したが、市町村社協の現場では震災から半年後にようやく運用が始まったため、多くの被災者は既に特例貸付や義援金を手にしており、生活復興支援資金の利用者はほとんどいなかった。釜石市内では 2018 年度までに 8 件、岩手県全体でも 85 件にとどまった。

　緊急小口資金（特例貸付）は大災害時に、国が自治体とともに当座の生活資

金として10-20万円を上限に、被災者に貸し付ける制度で、支援金や災害援護資金に比べて、簡単な身元確認だけで貸付をすることから、現金に困る被災者が生活必需品の購入などに充てることができる。釜石市内では2010年度222件、2011年度334件、1件平均144,173円の特例貸付を行った。岩手県全体では2010年度1,027件、2011年度1,975件であった（特例貸付は2011年度で終了）。ちなみに、この特例貸付ほどではないが、通常の緊急小口資金も多く使われ、実績は岩手県全体で2010年664件、2011年389件、1件平均85,086円であった[32]。震災直後、多くの被災者が貸付を求めて社協に押し寄せたため、県内外の社協からも応援職員が駆けつけて貸付の事務処理を進めた。これらの貸付の半分以上は、滞納になっているという。

（4）金融包摂のための包括的な支援態勢

　公的福祉金融をめぐっては、どういう人にいくらまで貸せるかという要件や、金利、返済率、返済免除の条件などに目が向けられがちだが、金融包摂の観点からみれば、貸した資金が返ってくるかどうかが第一義的な問題ではなく、また返済を免除しさえすれば問題が解決するというわけでもない。もちろん、当面の生活維持や住宅再建に資金が必要であることは言うまでもないが、資金さえ供給すれば済むのではなく、相談を含めた包括的な支援が必要だと思われる。たとえば多重債務に陥った被災者に対しては、法的な債務整理に加えて、多重債務や生活困窮の原因を解きほぐし、必要な支援につなげることが求められる。多重債務や生活困窮の原因は震災だけではない。釜石市社協は、市の生活困窮者自立支援事業を受託して住民の相談を日々受けているが、震災から8年以上経った今日では、相談者が被災者か否かはあまり区別がつかなくなっている。景気の悪化や本人の高齢化、引きこもりなど多様な原因が複合化しているという[33]。

　自立支援相談の窓口では、震災の「被災者」という枠組みだけで括れないほど問題は複合化し、震災の影響は表立って見えにくくなっているが、そうした状況下では自立支援事業のように相談者の状況を丸ごと受け止め、多様な関係機関が連携して解決にあたる態勢が求められる。

　釜石市では、市役所で生活保護などを扱う地域福祉課と、社協事務所、自立

支援相談窓口が市中心部に位置する病院の建物内にあって、顔の見える関係を築いており、利用者にとって利便性が高い。さらに多重債務・生活困窮の分野では、民間の団体との連携も役割を果たしてきた。

　消費者信用生活協同組合（以下、信用生協）は盛岡市に本部を置き、岩手県・青森県内に事務所を展開して、多重債務者や生活困窮者の生活再生のために相談や貸付を行っているが、信用生協の釜石事務所は2002年の開設以降、主に岩手県沿岸部の住民を対象として支援を続けてきた。東日本大震災では釜石事務所も被災したが、震災1か月後に事業を再開して被災者の相談にあたった。特に、震災で仕事や自家用車を失った被災者は、それらの要件だけでは法制度上の救済対象にならず、信用生協を頼って自動車購入のローンを組んだという[34]。信用生協は、役所や社協はもとより、弁護士事務所、精神保健福祉センター、生活困窮者支援のNPO、自殺対策のNPOとも幅広く連携しながら、息の長い支援を続けている。

おわりに

　釜石市で長年にわたり被災者の支援にあたってきた信用生協釜石事務所の元所長は、「被災地・被災者といってもみな違う。被災前から生活が困難だった人は、被災後も困難だし、被災前に困難がなかった人は被災後も困難がないということを感じた。震災で車をなくした人も、きちんと勤めがあって収入がある人は震災直後も車を買えた」と述懐する。

　震災は、被災地の住民全体に広く壊滅的な影響を及ぼすが、経済的余裕のある被災者と、そうでない被災者との間には経済的格差が存在する。経済的に脆弱な被災者のためのセーフティネットである地震保険や債務免除、給付金、貸付金などの公的制度は、過去の震災の経験を経て改善されてきたが、セーフティネットからこぼれ落ちてしまう人の存在も否めない。

　さらに、震災から長期間経過すると、被災者の抱える問題は複合化し、震災の影響は潜在化する。自治体や社協、民間団体の連携による被災者への支援が、金融包摂の観点から重要といえよう。

注

1　日本損害保険協会・外国損害保険協会「地震保険特設サイト 地震保険 50 年の歩み」https://www.
　　jishin-hoken.jp/50th/
2　「地震保険、支払 1 兆円突破」日経速報ニュース 2011 年 6 月 22 日
3　「地震保険金支払い阪神の 15 倍」日経速報ニュース 2011 年 9 月 9 日
4　地震保険制度の沿革は「地震保険特設サイト 地震保険 50 年の歩み」
5　地震保険の加入率などの統計速報は、損害保険料率算出機構が公表している。世帯加入率には各種
　　共済が含まれておらず、保険と共済を含めた加入率については正確な統計調査が存在しないが、
　　2015 年度末において、火災保険と共済を合わせた加入率（重複分を考慮）は 82%、地震補償付き
　　火災保険・共済の加入率は 49% との試算がある（「地震保険の加入率はどれくらい？」https://
　　kasai.insweb.co.jp/jishin-hoken-kanyuritsu/、「火災保険の加入率はどれくらい？」https://kasai.
　　insweb.co.jp/fire-insurence-kanyuritsu/　SBI ホールディングス株式会社）。
6　仮に東京都で、木造住宅の建物に 1,000 万円の火災保険契約をした場合、地震保険の契約額はその
　　30 〜 50% なので 300 〜 500 万円の範囲内となり、年間の保険料は 11,670 円〜 19,450 円となる（こ
　　のほか、免震・耐震性能に応じた割引や複数年契約による割引がある）。
7　「地震で倒壊でも補償」産経新聞　2019 年 3 月 4 日
8　「地震保険の見直し」日経金融新聞　1995 年 10 月 16 日
9　「兵庫県、『地震皆保険』を提案」日本経済新聞　1995 年 10 月 18 日
10　内閣府防災担当「参考資料　保険・共済による災害への備えの促進に関する検討会報告」2017 年
11　財務省「地震保険制度に関するプロジェクトチーム報告書」2012 年
12　「被災者の二重住宅ローン問題、民間ベースで対応を」日本経済新聞　1995 年 2 月 17 日／「震災
　　復興で国・兵庫県、住宅建て替え、無利子融資」日本経済新聞　1995 年 3 月 3 日
13　「神戸の一般住宅被災者、『二重ローン』7 人に 1 人」日本経済新聞 1998 年 1 月 16 日夕刊。
14　「二重ローン対策、課題も」朝日新聞　2011 年 7 月 16 日
15　個人版私的整理 GL の運用実態は久保（2013、2014）に詳しい。
16　「住宅ローン減免、認知 2 割」日本経済新聞 2015 年 2 月 16 日
17　「二重ローン対策　被災者に減免制度知らせよ」朝日新聞 2012 年 8 月 11 日
18　「ローン減免、家再建に光」朝日新聞　2017 年 4 月 12 日
19　遠藤成「自然災害で "国が補償してくれる" は誤解だ」PRESIDENT Online 2019 年 2 月 23 日
20　公益財団法人都道府県センター「自然災害による被災者のための被災者生活再建支援制度」／東日
　　本大震災復旧・復興支援みやぎ県民センター「東日本大震災被災地の現状と県民センターの取組
　　み」2018 年）
21　2018 年 7 月時点の実績。全国知事会危機管理・防災特別委員会「被災者生活再建支援制度に関す
　　る検討結果報告」2018 年
22　「阪神大震災で被災者に貸し付け、未返済分を神戸市が免除」日本経済新聞　2017 年 9 月 6 日
23　「阪神・淡路大震災被災者への貸付金　低所得者に返済免除　法成立」NHK ニュース　2019 年 5
　　月 31 日
24　神戸市「阪神・淡路大震災における災害援護資金について」2019 年
25　「どうする借金返済」NHK ニュース　2017 年 12 月 8 日
26　「生活苦 7 年半東日本大震災 3460 世帯」東京新聞　2018 年 9 月 12 日
27　「災害援護資金、返済重荷に」朝日新聞　2018 年 3 月 15 日
28　「『災害援護資金』重い返済」朝日新聞 2011 年 4 月 20 日
29　東日本大震災復旧・復興支援みやぎ県民センター「東日本大震災被災地の現状と県民センターの取
　　組み」2018 年）／「深刻化する生活苦、谷間に落ちた被災者」『週刊東洋経済 Plus』2018 年 3 月 7 日
30　震災の被害とその後の復興の経過については、釜石市「撓まず屈せず　復旧・復興の歩み」2019
　　年 4 月を参照

31 釜石市保健福祉部地域福祉課での聞き取り（2019 年 9 月 5 日）。災害弔慰金をすぐに支給できる状況ではなかったので、速やかに貸付をして生活再建につなげたいというのが担当者の思いであったという。

32 釜石市の生活福祉資金については、釜石市社会福祉協議会での聞き取りによる（2019 年 9 月 5 日）。

33 釜石市社会福祉協議会での聞き取りによる（2019 年 9 月 5 日）。

34 信用生協の元釜石事務所長への聞き取りによる（2019 年 9 月 5 日）。

参考文献

岩田伸彦（2002）「阪神・淡路大震災 8 年目の現実」『住民と自治』11 月号。

織田彰久（2007）「世界の自然災害保険から見た日本の地震保険制度」（ESRI Discussion Paper Series No.178）内閣府経済社会総合研究所。

小田淳一、首藤由紀、斎藤朗、木村拓郎（2003）「大都市大震災を対象とした生活再建の政策立案プログラムの構築（1）」『地域安全学会梗概集』13 号。

北村信（2012）「被災地の金融機関は二重債務問題に果敢な取り組みを」『金融財政事情』2012 年 9 月 24 日号。

久保壽彦（2013）「地域復興の現状と新たな金融スキームについて」『立命館経済学』62 巻 2 号。

久保壽彦（2014）「被災地における金融問題（2）」『立命館経済学』62 巻 5・6 号。

黒木松男（2013）「地震保険制度の諸課題」『保険学雑誌』620 号。

野崎洋之（2013）「地震保険制度・商品設計におけるターゲット明確化の必要性」『金融 IT フォーカス』2013 年 4 月号。

山崎栄一（2006）「自治体による被災者への独自施策」『先端社会研究』（関西学院大学）6 号。

コラム9

災害援護資金貸付

　災害援護資金は、災害弔慰金の支給等に関する法律（災害弔慰金法：1973年公布）に基づき、災害救助法が適用された災害で負傷または住居、家財に被害を受けた者に対し、350万円を上限として貸付を行う制度（下図参照）。

　利率は年3％（据置期間中は無利子）だが、東日本大震災では特例として保証人がある場合は無利子、保証人がない場合1.5％。2018年の法改正で市町村が独自に利率を3％以下で設定できることとなった。延滞金は年10.75％だったが、2018年の法改正で年5％に引き下げられた。

　据置期間は3年間（特別な場合は5年間に延長可能）で、据置期間後に返済が始まる。東日本大震災では6年間（特別な場合は8年間）に延長された。償還期間は10年間（据置期間を含む）で、据置期間を5年に延長した場合でも償還期間は延長されないため、1回あたりの返済額が増えることになる。東日本大震災の特例では償還期間が13年間となった。

　返済免除の条件は、借主が死亡または重度障害で、かつ連帯保証人に資力がない場合とされているが、基準が曖昧であったことから阪神淡路大震災では返済免除の認定が問題となった。東日本大震災では返済期限から10年を過ぎても借主に返済能力がない場合に返済免除という特例になった。

　その後の熊本地震（2016年4月）などには特例が適用されていない。

（小関　隆志）

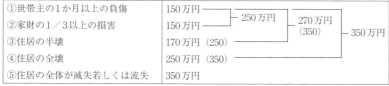

注：被災した住居を建て直す際にその住居の残存部分を取り壊さざるをえない場合等特別の事情がある場合は（　　）内の額。
出所：厚生労働省

第Ⅲ部

資料編

　第2章で述べたファイナンシャル・ダイアリー調査（FD調査）は、主に途上国で行われている手法だが、日本国内ではまだあまり知られていない。そのため、そもそもFD調査とはどういった調査手法であるかを紹介した。

　第2章では紙幅の制約上、調査方法の詳細に踏み込んだ説明ができなかったので、FD調査およびインタビュー調査の方法、調査結果のうち第2章で触れられなかった点について、補足的に説明を加えた。

1　ファイナンシャル・ダイアリー調査

(1) ファイナンシャル・ダイアリー調査 (FD調査) とは

　今回、金融排除の実態を調べるために採用したファイナンシャル・ダイアリーとは、どのような調査方法なのか。

　ファイナンシャル・ダイアリー調査 (Financial Diaries; 以下FD調査と略称) とは、字義通りの意味では「家計簿調査」だが、FD調査を最初に手がけたモーダックらは「貧困世帯との面接を丸一年のあいだ、少なくとも月に二回実施した。そこで得られたデータをもとに、彼らのお金にまつわるやり取りを日誌形式でまとめたものがファイナンシャル・ダイアリーだ」(Morduch et al. 2009=2011: 9-10) と説明している。

　モーダックらがFD調査を思いついたのは、途上国の最貧困層が1日2ドルというごくわずかの収入でいったいどうやって生活できているのかという疑問からだった。それを解明するには各世帯の家計収支や金融取引を丹念に追っていく必要があり、あたかも家計簿をつけるように日々の細かな記録を積み重ねるとともに、その背後にある生活状況や価値観も聞き取ることで、最貧困層の経済生活を総体的に把握しようとした。少数の世帯を対象とした、継続的で深い調査であることが方法論上の特徴の一つであり、大量のサンプルを統計処理して一定の傾向を把握するアンケート調査とは趣旨を異にしている。

　FD調査は、バングラデシュにおける42世帯を対象とした調査 (1999-2000年) を皮切りに、インド (48世帯、2000年)、南アフリカ (152世帯、2004年) の3か所の調査がモーダック、ラザフォード、ラトフェン、コリンズの計4名の研究者チームによって行われた。これらの研究は、都市部・農村部それぞれの貧困地域から対象世帯を選び、調査員が1年間にわたって隔週で訪問するものであった。調査の結果、貧困層はインフォーマル金融を含む多様な金融手段を組み合わせて経済的な困難に対処していること、低収入のわりにキャッシュフローが大きいことがデータで示され、大きな発見であった。この発見は、マイクロクレジットの画一的な融資モデル (まとまった金額を融資し、固定額を毎週返済) が貧困層の不安定な経済生活の現実に必ずしも適合していないことを示

すものでもあった。

　このFD調査の学問的意義は、①経済学的アプローチ（定量的情報）と民俗誌的アプローチ（定性的情報）の融合により、貧困層の経済生活を客観的に捉えたこと、②一時点の状況によるスナップショットや年間平均の数値ではなく、動態的に貧困層の状況を描き出したことにあった。

　この研究成果（Morduch et al. 2009）が発表されるや大きな反響を呼び、各地（主に途上国）で様々なFD調査が実施されるようになった。

(2) FD調査方法の多様化

　FD調査主体は団体レベルと個人レベルの両方があるが、主な調査団体の一つはコンサルティング企業のBFA（Bankable Frontiers Associates）で、貧困層向け金融サービス（特にフィンテック分野）の開発・育成に注力している（BFAウェブサイト参照）。こうした金融サービスの開発に際して貧困層の経済生活の実態把握が必須であることから、コリンズが開発した家計収支データベースを活用しながら、南アフリカ・インド、ケニア、ルワンダ、メキシコ、モザンビーク・タンザニア・パキスタンなどでFD調査を行った。

　もう一つはコンサルティング団体のMFO（Microfinance Opportunities）で、オンラインバンキング、消費者保護、消費者行動の調査や、金融教育などを行っている（MFOウェブサイト参照）。消費者行動調査の一環として、ケニア、マラウイ、ウガンダ、インド、ミャンマー、バングラデシュ、ザンビアなどでFD調査を行っている。

　FD調査の目的や着眼点も多様化していった。ザンビアのFD調査は、収入の増減幅と支出性向の相関を明らかにした。すなわち収入の増減が大きい世帯ほど、まとまった額の支払いをするために様々な金融手段を頻繁に用いる傾向を示した。バングラデシュの調査は、日単位の収支データをとり、貧困層が短期的に資金不足に陥る状況を示した。マイクロクレジットが貧困層のキャッシュフローの実態と必要性に合わない融資商品を提供していることを批判した。

　ミャンマーの調査は世帯内の資金管理・資金需要に着目し、世帯内での資金移動によって収入の増減による影響が緩和されることを示した。バングラデシュ・カンボジア・インドの3か国調査では、衣料業界の女性労働者の家計収支

と労働条件を調査した。低賃金のため、生活費が不足する際には借り入れや貯蓄引き出しなどで埋め合わせていることを示した。

　このほかにも、電子マネーの受容度が意外と低いことを明らかにしたケニアの例や、家計教育の介入効果を実証したウガンダの例、銀行の移動サービスの利用が低調であることを示したマラウイの例、銀行カードの利用拡大のための教育・トレーニングが住民の行動様式の変容をもたらさなかったことを示したインドの例、都市部と農村部の経済生活と金融サービスの格差を浮き彫りにしたメキシコの例など、いずれの事例もユニークな観点で興味深い調査を行っている。

　FD調査は多様な文脈で行われるようになったが、それはFD調査の方法論の応用可能性の高さを示している。途上国のFD調査に共通する目的は、貧困層の経済生活・金融行動の側面から、彼らに必要な金融サービスと、既存の金融サービスのギャップを明らかにして、金融包摂に向けての改善点を示唆することといえよう。

(3) 先進国でのFD調査

　FD調査の対象地域は当初途上国に限られていたが、モーダックとCenter for Financial Services Innovation（CFSI）を中心とする調査チームが、フォード財団やシティ財団などの財政支援を得て、2012-2013年にアメリカ国内でFD調査を行った。CFSI（2019年Financial Health Networkと改称）はショアバンクを母体として設立された研究機関で、アメリカ国内の金融排除問題や消費者金融、フィンテックなどを調査している。

　アメリカの調査は先進国での最初のFD調査となった。これはアメリカ国内の4地域（大都市、小都市、農村部）において、計235世帯を対象に、1年間にわたり継続的に家計収支のデータ収集と聞き取りを行った調査である（調査方法の詳細はU.S. Financial Diariesのサイト参照）。この調査の主眼は、最貧困層だけでなく中低所得層も含めた低所得者層が、収入の大きな増減幅と、緊急のための貯蓄額の少なさを背景として、家計の破綻や貧困に陥る問題を示すことにあった。アメリカの低所得者層は、給与のほかに自営業やアルバイト、内職、政府からの給付など多様な収入をモザイクのように組み合わせて（'income patch') 家計を成り立たせているとよく言われるが、組み合わせによって月々の収入が都合よく平準化される保証はなく、むしろ月々の収入の波を大きくしてしまう恐れもある。他方で、自宅・自動車の修理や病気の治療などによる予期せぬ出費が重なると、緊急時のための貯蓄が充分にないため、生活費の不足分を高利の借金で賄い、短期間のうちに債務が膨らむという悪循環に陥ってしまう。アメリカのFD調査の結果をまとめたMorduch & Schneider（2017）は、不安定化を増す現代において、家計の収支の平準化を支援する仕組みが必要だと訴える。

　最貧困層だけでなく中低所得層も収入が不安定化し、家計が破綻しかねない状況は、派遣・契約などの不安定雇用や、社会保障制度の不備に主因があるが、金融サービスがバッファーの役割を果たすどころか、実際には不安定さをさらに増幅している。高金利の消費者金融や銀行の当座貸越を利用することで家計が行き詰まるが、金融機関の社会責任はあまり問われていない（Baradaran 2015）。

　アメリカのFD調査のもう一つの大きな発見は、インフォーマル金融の持つ存在感であった。調査対象者の中に移民が多く含まれていたためでもあろうが、身近な人とROSCAs（Rotating Savings and Credit Associations; 回転型貯蓄信用講）を結成して貯金を積み立てる営みが、フォーマル金融を補完する形で息づいていることを示した。インフォーマル金融の生態は、金融排除の政府統計には現れないが、Servon（2017）の丹念な現場調査で明らかにされているように、マイノリティや移民などのコミュニティを中心に、ROSCAsや個人的な金貸しなどが根強く存在している。このように、途上国とは文脈が異なるものの、FD調査手法は先進国においても一定程度有効であると思われる。

（4）FD調査を選んだ理由

　調査対象者に一定期間密着し、家計収支のデータを集計しながら聞き取りを続けるというFD調査を行うことで、何が見えてくるのか。

　第一は貧困層の収入の変動（income volatility）と予測不可能性である。年間の収入を1か月平均ないし1日平均にした金額だけでは、変動の幅や、変動の予測不可能性は見えてこないし、そうした変動が家計にどれほどの影響をもた

らしているのかもわからない。貧困層は伝統的に、多様な収入源を組み合わせ、ROSCAsや近隣の相互扶助なども使いながら変動に適応してきたが、伝統的な知恵だけで充分に乗り切れるとは限らない。FD調査は、調査期間中の収入の変動とそれがもたらす家計への影響をリアルタイムで記録することができる。

　第二は生活上のリスクへの耐性と消費金融需要である。病気や災害、事故、冠婚葬祭などに伴う多額の出費を迫られた時、社会保障制度が不備で、充分な貯蓄や保険で費用をカバーできなければ、治療ができなくなるか、高金利の借金で家計が破綻するか、いずれにしても深刻な結果を招くことになる。深刻な事態を回避するため、アフォーダブルな消費資金の需要は潜在的に大きいのではないか。FD調査では、調査対象者が消費資金の需要をどのように賄っているのかをみることができる。

　第三はインフォーマル金融の比重とソーシャル・キャピタルの役割である。インフォーマル金融はコミュニティのなかで顔の見える信頼関係を基盤として成り立つことが多い。公式統計に表れにくいインフォーマル金融の比重の大きさは、個々の世帯の家計からうかがい知ることができる。

　筆者らは金融排除の実態を家計収支の側面から明らかにするため、日本で初となるFD調査を実施したが、FD調査という調査方法を選んだ理由は以下の2点であった。

　第一は、FD調査によって、個々の家計というミクロの面から金融排除の実態を明らかにすることができると思われた。日本は金融システムが成熟し、銀行口座の普及率は極めて高い。英米のように貧困地域での露骨な地理的排除が社会問題化したわけではなく、クレジットスコアによる明確な排除の線引きもない。日本国内では、金融排除の実態を克明に調べる調査はまだなされておらず、よくわかっていない。

　貧困研究では、収入や雇用条件、住宅や教育・福祉など社会サービス、生活保護制度などの研究が多いが、金融の観点を取り上げた研究はきわめて少ない。就労や扶助による収入の増加や安定と、家計や貯蓄・負債の管理、金融サービスの利用は、異なる次元の問題のはずだが、金融排除に関する議論はいまひとつ深まらない状況にある。

　そこで、そもそも日本にはどのような金融排除の状況があるのか、またどのような金融包摂の必要性があるのかを、まずは個々の世帯の家計収支から丹念に見ていくことが重要だと考えた。

　第二は海外との比較にもFD調査が役立つと思われた。たとえばアメリカではソーシャル・キャピタルを基盤としたインフォーマル金融の存在感が示されたが、日本ではどうなのか。調査対象者への聞き取りや金融取引の記録を通じて、うかがい知ることができよう。

(5) 調査方法

　筆者らが行ったFD調査方法の概要は第2章に示されているが、ここで少々補足説明をしておきたい。

　調査に先立ち、日本には異なる多様な属性の人々が局所的に金融排除層として存在しているのではないかという仮説を立てた。金融サービスや社会保障制度の機能不全により困難を抱え込んでしまう人々がいるとしたら、具体的にはどのようなパターンが想定されるのか。

　多重債務者・自己破産者、ひとり親世帯、DV被害者、母子生活支援施設利用者、障がい者、過疎地域居住の交通弱者、生活保護受給者、派遣・契約等の非正規就労者、路上生活者、日本在住の移民・難民などを、金融排除の可能性がある人々として想定した。それは、収入・資産などの経済的な側面もあれば、金融機関へのアクセスといった地理的な側面、語学力や身分上の側面などが金融排除につながり得ると考えたためである。

　調査対象者は、多重債務者や生活保護受給者、生活困窮者などを支援する団体（以下、支援団体）6団体を通して計30世帯を目標に募集し、協力を依頼した。

　調査対象者には報酬を支払うという条件を提示していたが、調査に参加してくれる人はなかなか集まらなかった。日本人は家計や借金といったセンシティブな情報を第三者に開示することに抵抗があるといった意見や、1年間にわたって調査に応じるのは負担が大きすぎて、特に生活困窮者には時間的余裕がなく難しいといった意見が、調査計画段階でしばしば聞かれた。負担の大きな調査の割には、報酬が少ないという要素もあったかもしれない。途上国では調査

対象者の募集にそれほど苦労がなかったという話も聞いていたので、日本と途上国のギャップを感じさせられた。

　それでも、支援団体の多大な協力により、18世帯が調査に参加してくれることになった。途中で4世帯が脱落したため、1年間継続した14世帯を分析の対象とした。

　調査設計にあたっては、収集するデータの正確さを期すことと、調査対象者にかかる負担を最小限にして長期間継続させること、この両者のバランスをどう取るかが容易ではなかった。検討の末、調査員が調査対象者宅を隔週で訪問し、2週間分の領収書や明細書などを預かって、家計収支のデータを入力、2週間後の再訪時に領収書等を返却し、再び新たな領収書等を預かるというサイクルを繰り返すことにした。また、4週間ごとに調査員は約1時間をかけて調査対象者から近況を聞き取り、収支の背景事情を把握することにした。

　個人情報保護のため、調査員に対しては事前研修を開いて、調査で知り得た調査対象者の情報を決して口外しないこと、対象者名はすべて匿名にして研究者に結果を報告することなどを指示した。

　家計収支のデータは、無料の家計簿クラウドサービスを使って入力することにした。家計簿クラウドサービスは、あらかじめ設定した収支項目に沿って自動的に集計し、グラフを表示する機能もついている。また、IDとパスワードがあれば調査員と筆者ら研究者が家計収支情報をリアルタイムで共有できる点も便利だった。ただし、家計簿クラウドサービスは収支のフロー情報しか扱えなかったため、貯蓄や負債といったストック情報の部分は別途、エクセルシートを使って入力した。

　家計収支の分析単位は、個人ではなく世帯とした。家計収支の項目は、全国平均との比較可能性を考慮して、原則として総務省の家計調査に準拠した。総務省家計調査の収支項目は、たとえば「食料」のなかでも「生鮮魚介」や「大豆加工品」のように極めて細かいが、本調査はそこまで細かな分類をする意味はなく、いたずらに煩雑になるだけなので、「食料」のように大くくりの分類とした。

　収支の項目のなかで、家賃や光熱水費のような固定費もあれば、保健医療費や交際費のように変動する経費もある。家計の分析の視点は、「臨時的な支出

が家計を圧迫し、キャッシュ（通貨性預金を含む）不足に陥った際に、どこからどのように資金を調達しているのか」、「1か月の中で、手持ち資金の余裕度の変化が定期的に現れるか」、「年間を通した収支の変動はどの程度みられるのか」、「支出のなかで、義務的な経費の支出を除いた、自由裁量のある支出はどの程度か」、「1年間を通して、資産が形成されたのか否か」、「金融サービスの利用の程度」といった点であった。

　他方、4週間ごとの聞き取りでは、ア）就業の状況、保護費や手当など収入の変化、それらの変化の原因と経緯、イ）支出の状況、特に臨時的な支出や、支出の変化、それらの変化の原因と経緯、ウ）利用した金融サービス（貯蓄、借り入れ、返済等）とその原因・経緯、エ）支出が収入を上回った場合、その対応、オ）収入・支出・金融について当事者の考え、を尋ねた。ただし、決まった質問に答えてもらうのではなく、個々の対象者の状況に応じて柔軟に対応し、聞き取りの要旨を自由な形式で記録することとした。

　調査開始後は、支援団体によるサポート、調査員の献身的な努力、そして何よりも調査対象者世帯の理解と協力を得て、1年間に及ぶ長期間の家計調査を順調に進めることができた。ただ、データの正確さの点でいうと、領収証や明細書から計算した毎月の収支差額と、現預金の残高との差は無視できないほど大きいこともあり、1か月に数万円単位の使途不明の支出として処理せざるを得ないこともあった。また、調査員に伝えていない“隠れ借金”の存在が疑われるケースもあったが、むろん調査員には強制的な調査権限などはないので、本調査で集計したデータには限界もある。

　調査終了後は、調査員報告会を開いて調査結果を報告するとともに、各支援団体を訪問して結果を報告した。また、ファイナンシャル・ダイアリー調査とインタビュー調査（後述）の結果をまとめて、社会政策学会（2018年9月）、貧困研究会（2018年11月）、ファイナンシャル・インクルージョン研究会（2018年12月）において報告した。

(6) 調査結果にみられる特徴

　各調査対象者世帯の事例紹介は第2章に譲るが、家計収支のデータをグラフ化することによって、収入の変動による「日々の資金繰りのコントロール」の

困難や、「金銭的ショックの吸収力」の欠如、ないし「適切な金融サービスの欠如」を可視化できる。

　第2章の紹介のように、No.11の対象者は非正規就労で、毎月の収入額に変動が大きく、収入のとりわけ少ない月は支出を抑制しているが（図Ⅲ-1）、どの支出項目を削ってしのいでいるかが図Ⅲ-2で示される。主に家賃の滞納で不足分をしのいでいることがわかる。

　第2章で登場した、自営業の飲食店を営むNo.13の対象者世帯の場合、自営業の資金と家計が区分されておらず、資金の流れが複雑だったこともあり、当初は資金がいくらあるのか、赤字か黒字かといった判別もつかない状況にあったが、調査員が丹念に分析した自営業の収益が図Ⅲ-3である。一見してわかるように変動が激しく、赤字の月も少なくない。

　収入変動のバッファーとなるはずの預貯金はかなり限られており（図Ⅲ-4）、しかもこの預貯金は自営業の運転資金を含んでいる。また負債額は、若干の変動はあるが1年を通じて高止まりしている。

　一般的に生活保護受給者の収入は毎月一定していると思われているが、生活保護を受給しながらパート労働に従事する対象者（No.5）の場合、パートの賃金収入に合わせて生活保護費が変動するため、毎月の収入が大きく変動している（図Ⅲ-5）。さらに支出面をみると、アパート家賃が生活保護基準を上回ったために引越しを余儀なくされ、引越しの費用がかさみ、家賃や公共料金の延滞につながった。また発達障害もあって携帯電話のゲームに多額の課金を投じてしまい、結果的に食費も足りなくなった。こうした波乱の支出の推移が図Ⅲ-6に示されている。

　収入の大きな変動によって、家賃や料金を滞納し、食費も足りなくなるといったように、日々の資金繰りのコントロールが困難になっており、また預貯金の不足により金銭的ショックの吸収力が欠如していることが、家計のグラフ化で示すことができる。収入の大きな変動という状況は第2章でも論じているが、アメリカのFD調査結果とおおむね符合しているといえる。

　金融サービスについては、家計収支のデータから何がわかるのだろうか。フローの部分でいえば、家計収支のうち「実収入外の収入」と「実支出外の支出」が金融取引の部分にあたり、これらの部分が収支全体のなかに占める割合

図Ⅲ-1 収支推移（No.11）2016年10月～2017年9月

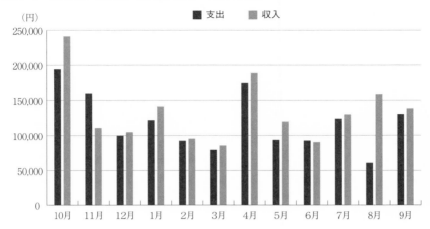

出所：筆者作成

図Ⅲ-2 支出構成（No.11）2016年10月～2017年9月

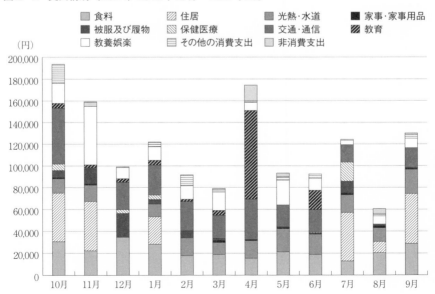

出所：筆者作成

図Ⅲ-3　事業純益推移（No.13）（2018年3月～2018年10月）

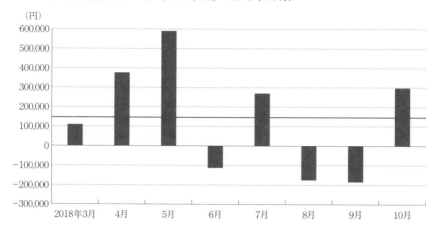

注：横線は月平均額146,213円を示す。
出所：筆者作成

図Ⅲ-4　預貯金・負債推移（No.13）2017年10月～2018年10月

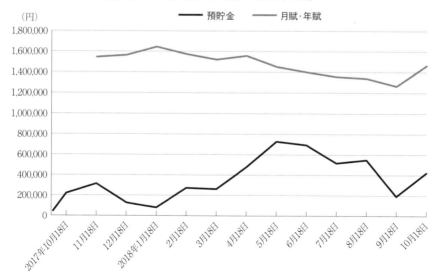

出所：筆者作成

図Ⅲ-5　収入推移（No.5）2017年2月〜2018年1月

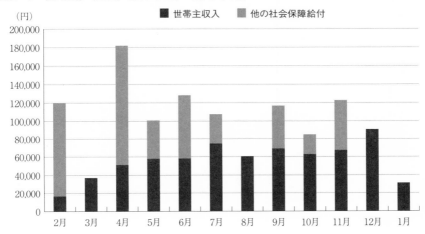

出所：筆者作成

図Ⅲ-6　支出推移（No.5）2017年2月〜2018年1月

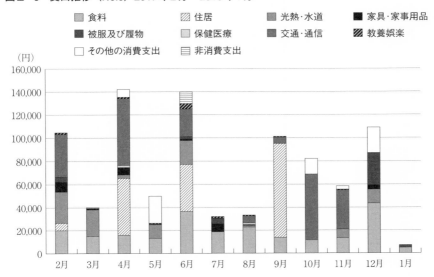

出所：筆者作成

表Ⅲ-1　実支出外支出、実収入外収入が収支全体に占める割合

番号	実支出外支出	主な内訳	実収入外収入	主な内訳
No.1	0.0%		0.0%	
No.2	4.0%	借入金の返済 4.0%	0.0%	
No.3	0.8%	その他 0.8%	0.0%	
No.4	6.3%	保険料 5.2%／借入金の返済 1.0%	1.1%	借入金 1.1%
No.5	0.0%		0.0%	
No.6	6.6%	借入金の返済 3.6%	0.0%	
No.7	1.0%	借入金の返済 1.0%	0.0%	
No.8	3.5%	保険料 2.0%	0.8%	借入金 0.8%
No.9	13.6%	借入金の返済 12.2%／保険料 1.4%	4.3%	借入金 4.3%
No.10	0.0%		0.0%	
No.11	0.0%		1.1%	借入金 1.1%
No.12	0.6%	借入金の返済 0.6%	58.7%	預貯金の引出 58.7%
No.13	43.5%	借入金の返済 43.4%	5.8%	借入金 5.8%
No.14	53.3%	借入金の返済 43.5%	34.4%	借入金 23.4%

出所：「被保護者調査（月次調査）」厚生労働省社会・援護局

をみれば、金融サービスの利用の程度を知ることができる。

　「実収入外の収入」は、預貯金引出、保険取金、有価証券売却、借入金など
からなる。同様に「実支出外の支出」は、預貯金、保険掛金、有価証券購入、
土地家屋借金返済、他の借金返済などがある。収支全体に占める、それぞれの
割合を算出してみた（表Ⅲ-1）。

　対象者世帯のなかで、ゼロに近い世帯と、数値が突出して大きい世帯とが見
てとれる。第2章に各対象者世帯の説明があるが、No.12は生活費の不足分を
預貯金の取り崩しで賄っており、No.13とNo.14は多額の債務を抱えて返済に
追われている。その他の世帯は、借り入れも預貯金もほとんどなく、また社会
保険などの保険料納付も極めて少ない。生活保護世帯（No.1～No.7）であれば
借り入れができず、また社会保険も免除となっているので、借入金や保険料が
ゼロでも当然といえるが、預金を積み立てることはほとんどみられなかった。
生活保護世帯以外でも、わずかな借り入れがあるものの、預金や保険をほとん
ど使っていなかった。

　なお、クレジットカードのショッピングについては、1回払いの場合と、月賦ないしリボ払いの場合とがあるが、表Ⅲ-1の「借入金の返済」は月賦ないしリボ払いのみを含めている。

　このように、実支出外の支出や実収入外の収入をみることで、各世帯が金融サービスをどう利用しているのかを可視化できる。むろん、この数値が大きければそれだけ金融サービスを利用できているので金融包摂の観点から望ましい、とは一概に言えない。年収のなかで借り入れが極めて大きな割合を占めていれば多重債務の恐れが強い。また、多額の預金を取り崩し続けていれば、家計は遠からず危うくなるかもしれない。

　他方、預金も借り入れも保険もほとんどない場合、緊急時の備えがないため家計が成り立たなくなるかもしれない。中長期的にみて家計が持続可能で、金銭的ショックの吸収力があり、選択の自由が可能であるように金融サービスが機能していれば、適切な金融サービスによって「金融ウェルビーイング」が得られていると考えられるが、その逆のパターンが示されると、金融排除の恐れがあると考えられる。

(7) インフォーマル金融とソーシャル・キャピタルの役割

　モーダックらがバングラデシュなどで行った最初のFD調査は、貧困層の経済生活に占めるインフォーマル金融の種類の豊富さと金額の大きさを浮き彫りにした。

　それに対し、私たちの調査ではインフォーマル金融があまり見られなかった。親族の支援を受けている例は14世帯中4世帯あったが、定住外国人世帯（No.13とNo.14）を除き、いずれも収支全体に占める割合はわずかであった。また、親族以外に近隣や友人からの金銭的な支援がないという対象者が多かった。

　今回の調査対象者のほとんど（No.14を除く）はいずれも支援団体から紹介されたので、支援団体から何らかの支援を受け、支援団体の会員どうしの交流もあり、社会資源から完全に孤立しているわけではない。その点ではバイアスがかかっているとも言えるが、それでも調査対象者の家計行動を見る限り、講（ROSCAs）や個人的な金貸しのような資金融通の例はみられなかった。あえ

て挙げれば、元路上生活者に対する自立支援団体の場合、利用者間で、数千円単位の個人的な現金貸借や、数名での旅行費用の積み立てがみられた程度である。定住外国人は、同郷のコミュニティや祖国の親戚との親密な関係を背景に、資金援助を受けていたようだ。かつて長い歴史をもっていた無尽講や頼母子講という庶民金融の伝統は、親睦団体として農村部にわずかな片鱗が残る程度となってしまい、庶民金融の機能自体は残っておらず、フォーマル金融を補完する金融の多様性は事実上失われてしまっていると言えるのではないか。加えて、民間のマイクロファイナンス機関（MFI）はほとんどなく、生活福祉資金貸付や母子父子寡婦福祉資金貸付のような公的福祉金融の利用も普及していないため、満たされない需要が消費者金融やクレジットカードのキャッシング、銀行カードローンなどに流れてしまっている面があるように思われる。

（8）日本におけるマイクロファイナンスの必要性と可能性

　日本におけるマイクロファイナンスの必要性や可能性を考える際、資金需要は生活資金と事業資金（自営業などの場合）に分けられるが、生活資金としては主に一時的な収入減や臨時出費を低金利で賄い、収支の平準化を図るとともに、貯蓄によって効率的に資産形成し、また保険制度の見直しによってリスクを軽減するといったことが考えられる。ただ、純粋な金融機能だけでは不十分であり、本調査の対象者にも含まれていたように、様々な個別事情を抱えた人や、家計管理能力の低い人への家計改善支援機能、特に多重債務や自己破産に陥る前の予防対策が欠かせない。また、事業資金の場合は、本調査の事例No.14のように、資金提供と合わせて伴走型の経営支援体制を築くことが重要だと考えられる。

2　インタビュー調査

（1）調査概要

　上記のファイナンシャル・ダイアリー調査（FD調査）に加えて、インタビュー調査を実施した。調査目的は基本的にFD調査と同様であるが、FD調査は対象者が極めて限られてしまうので、多くの対象者から薄く広く事例を集め

るため、負担の少ないインタビュー調査を補足的に行った。

　FD調査は1世帯につき1年間、家計収支のデータ収集と聞き取りを継続するのに対し、インタビュー調査は1回限りの面談であり、家計データも収集しない。そのぶん客観性・信憑性が低くなるが、対象者の負担感も下がるため、多くの回答を集めて傾向を読み取れるという利点もある。

　インタビュー調査の体制と経緯は以下の通りであった。

　1）研究者（小関、佐藤、角崎、野田）が調査計画を立案し、インタビューの質問項目案を作成し、予備調査を経て質問を修正した（2017年3月）。

　2）佛教大学に対して「人を対象とする研究計画等審査申請書」を提出し、受審した（2017年4月）。審査の結果、調査の実施を承認された。

　3）東京都、千葉県、京都府、愛知県で多重債務者や路上生活者、生活困窮者、在日外国人などを支援する団体（以下、支援団体）計9団体に、調査対象者の推薦を依頼した。調査地域が一部の大都市部に偏っているのは、研究者の活動拠点の都合と調査予算上の制約による。調査対象者の選定にあたっては、年収や資産、就労状況といった一律の基準を設けなかった。金融排除は多重債務や非正規就労、路上生活、DV被害、高齢など多様な原因から起こり得るもので、一律の基準になじまないということと、今回のインタビュー調査では、例えば「DV被害を契機に金融排除が起きるのではないか」といった仮説に基づいて対象者を募ることにした。

　4）各地の社会福祉士会、FP協会などを通じて調査員を募集した。調査員には事前説明会を開催し、インタビュー調査の趣旨や方法を説明した。

　5）調査員と対象者のマッチング後、調査員は対象者に1回90分間程度のインタビューを行った。実施時期は、東京・千葉が2017年8月〜10月、京都が2017年7月〜8月、愛知が2018年7月〜8月であった。

　この調査は半構造化インタビューの形式をとった。アンケートでは金融排除の経験や意見などを詳細に回答してもらうことが難しいため、調査員が対象者から深く話を聞き取り、調査員が記入する方法とした。

　質問票は3部構成となっており、第1部は選択式の質問、第2部（全ての対象者に共通した質問）と第3部（特定の属性の対象者に尋ねる質問）は自由回答式の質問とした（詳細は質問票を参照）。

　テーマ別に分類すると、対象者全員に対しては、以下のように家計収支、貯蓄・資産運用、負債・借り入れ、公的年金・健康保険、トラブル経験・その他の5種類からなっており、また特定の対象者としては高齢者（65歳以上）、障がい者、ひとり親世帯、定住外国人向けの質問を用意した。ただし紙幅の都合上、特定の対象者向けの質問についての説明は割愛する。

　1）家計収支：何らかの事情で家計収支が崩れ、回復力が不十分だと生活困窮、多重債務に陥るのではないか、また予測不可能な収入変動が困窮の原因になり得るのではないかと考えた。そのため収入減や支出増による生活困窮、生活費が不足した場合の対応などを質問した。

　2）貯蓄・資産運用：低所得・低資産の人々にとって貯蓄はインシデントに対処するうえで重要なバッファーと考えられる。貧困から脱却する手段、将来のライフイベントへの対応としても資産形成は有用と思われるが、近年は低所得・低資産の人に対する貯蓄優遇策がなく、金融機関の預金は超低金利のため貯蓄のインセンティブが不足している。そのため対象者はどの程度貯蓄をしているのかを尋ねた。

　3）負債・借り入れ：仮説としては、銀行からの低利の借り入れができず、消費者金融やクレジットカードでの高金利の借金に依存し、返済困難に陥っているのではないかということと、生活福祉資金などの公的貸付制度は認知度が低く利用が低調ではないかと考えた。そのため、負債残高や利用したことのある借入金の種類、公的な貸付制度の認知などを尋ねた。

　4）公的年金・健康保険：国民年金保険料（第1号被保険者）の納付率は66％（平成29年度）と低い。最低加入期間を満たさないと年金を受け取れず、高齢者の貧困につながると懸念されている。年金を受給できても、一般に国民年金は厚生年金より保険金額が低く、年金だけでは十分な生活費を捻出できない。そのため、加入している公的年金などを尋ねた。

　5）トラブル経験、その他：多重債務や自己破産、ヤミ金融、金融詐欺といった金融関連のトラブルの解決には専門家の支援や救済制度を要する。そのため、トラブル経験の有無と、解決方法を質問した。また、金融機関の支店が統廃合されて減少したことに伴い、アクセスに不便を強いられることがないかという地理的排除や、ATMの手数料がかからない時間帯に利用できないために

不利益を被ることがないか、必要な情報にアクセスできているのかについても
尋ねた。

（2）調査結果

　調査対象者は57名で、東京都19名、千葉県7名、京都府24名、愛知県7名
であった。性別では女性22名、男性35名。年齢層は、20歳代7％、30歳代11
％、40歳代21％、50歳代19％、60歳代25％、70歳以上18％と高齢者に偏り、
若年層がやや少なかった。

　就業状況は、高齢者の割合が大きかったことを反映して、無職・退職があわ
せて57％と半数以上を占め、次いで正規雇用18％、非正規雇用のパート12％、
契約社員5％、派遣社員4％、求職中5％であった。

　世帯人数は、これも高齢者の一人暮らしが多かったこともあり、1人世帯が
約3分の2（65％）を占め、2人世帯12％、3人世帯9％と、小規模世帯が多い。
世帯構成をみると、1人世帯を除けば子どもとの同居が25％と比較的多い。

　調査結果の分析にあたっては、対象者を属性別に分類して特徴を把握するこ
とが有効と考え、生活保護受給者（24名）、高齢者（65歳以上）（19名）、障がい
者（9名）、ひとり親世帯（13名）、定住外国人（5名）、DV被害者（8名）、非正
規就労者（12名）、路上生活者（4名）、その他（4名）に分類した。一人が複数
の属性を持っていることもあり（たとえば生活保護を受給しながらパートで働く
シングルマザーで、DV被害の経験を持つなど）、各属性の人数を単純に合計する
と対象者総数を上回る。

　以下では前節に示した各項目に沿って、対象者の属性にも留意しながら調査
結果を概観する。インタビューの件数が限られていたことと、自由回答の比重
が大きかったことから、自由回答を中心に紹介したい。

　対象者のうち母子生活支援施設利用者（8名）については、佐藤論文（第3章）
が詳細に分析しているので、あわせてご参照いただきたい。

1）家計収支

　収入基準による対象者の選別は全く行わなかったが、対象者本人の月収は
13万円（平均値）・12万円（中間値）、対象者世帯の月収は17万円（平均値）・13

万円（中間値）であった。国民生活基礎調査によれば2017年の所得金額の平均値は551.6万円／年（46万円／月）、中央値は423万円／年（35.3万円／月）なので、（対象者の世帯人員数には幅があるので一概には比較できないが）ざっと中央値の半額以下である。対象者の中で、生活保護受給者は42％にのぼる。定住外国人は経済的に余裕のある世帯が多く、おそらく共働きのためとみられるが、彼らの平均月収は29万円ほどである。それとは対照的に路上生活者は収入がほぼゼロ、非正規就労者も平均月収が14万円と低い。

　収入の急減や支出の急増により生活が苦しくなったことがあるか、収入額は毎月大きく変動するか、生活費が不足しているかを尋ねたところ、生活保護受給者は基本的に毎月定額の収入があるため比較的安定しているものの、「生活保護受給のため、収入の急減による生活苦は基本的にないが、派遣など不安定就労の場合、就労の収入に応じて保護費が変動。冬季加算による変動も」、「臨時の出費（教育費や家電の修理など）により、やりくりが苦しくなる」といった回答のように、就労収入による保護費の変動や、臨時の出費が家計に影響を与えていることがわかる。非正規就労者も、「契約職員で家計にゆとりがなく毎月ぎりぎりの生活で、予期せぬ出費に慌てる。時折赤字になる」、「パートタイマーは時給制のため出勤日数による変動がある。赤字で食費を切り詰める」など、就労収入の不安定を訴える。

　年金生活者は基本的に安定した年金収入があるが、「低額のためぎりぎりの生活をしており、黒字にならない」、「入院に伴う入院費・生活費が不足して親戚に出してもらったり、心臓に負担をかけないようエアコンを使用して電気代がかさむなど、健康面の出費がある」といったように、ギリギリの生活を強いられているなかで臨時の出費があると収支バランスを崩しがちであることがわかる。

　ひとり親世帯の場合は「子どもの修学旅行など教育費が必要な場合に生計が苦しくなる」というように教育費の負担感が強く、福祉制度との関連では「児童手当の支給月に、手当を不足している費用に充ててしまう。就労収入と児童手当を合わせてぎりぎりの生活」という回答に見られるように、家計の余裕のなさが伝わってくる。

　生活費が不足した場合の対応としては、貯蓄の取り崩しで対応する人もいる

が、貯蓄（詳細は後述）を持たない人が多いため、「切り詰める」「支援を得る」「借りる」が多い。たとえば「食費の削減や炊き出しの利用」（生活保護受給者）、「赤字の場合は食費を切り詰め、支援団体から食品を支援してもらう」（定住外国人）、「非正規雇用で収入不安定のため料金の滞納が発生し、消費者金融から借りる」（高齢者）などである。「生活費をねん出するため子どもの習い事をやめた。カードで買い物をして翌月支払いし、自転車操業に陥った」（ひとり親世帯）といった多重債務化の恐れや、「保護費の前借り、税金の滞納、携帯料金の滞納」（生活保護受給者）のように税金・料金の滞納という形の債務を抱える例もみられた。

　生活困窮に陥った経緯は、失業や雇止め、自営業の経営不振や倒産、病気・ケガや介護、DVや離婚、引きこもりなど、人によって実に様々であるが、何らかの事情があって収入が途絶えたり出費がかさんだりしたことをきっかけとして、生活困窮に陥っていく過程が示されている。一般的には、社会保険や生活保護、年金などの公的保障制度がセーフティネットとして用意されていて、困窮を予防しているはずだが、「以前の勤務先が社会保険未加入だったため、失業した際に雇用保険を受けられなかった」（生活保護受給者）、「夫が飲酒運転で交通事故死したが保険金支払対象外。年金未納のため遺族年金もなかった。夫からの養育費も死亡のためストップした」（ひとり親世帯）、「加害者から逃げて、転々と移動する過程で病気になり、居所特定の不安から健康保険での受診ができず、病気が悪化した」（DV被害者）など、セーフティネット機能が充分働かなかったのではないかと思われる例が目立つ。

　上記で語られている生活困窮の経緯は過去の経験であり、インタビューに答えた時点では低収入でかつかつの生活であっても、激変の渦中で窮迫しているわけではない。ただ、失業、倒産、病気などでいったん家計収支が大きく崩れると、多重債務や滞納、自己破産などに陥るケースが少なくないことがわかる。

2）貯蓄・資産運用

　対象者のなかで、路上生活者以外は例外なく全員、銀行口座を保有していたが、口座の使途は主に給与・年金等の振込（84％）、公共料金の支払い（56％）

であり、預貯金は19％と少数にすぎない。クレジットカードの保有者も少ない（19％）ことから、クレジットカードの決済のために口座を使う割合（9％）も少なかった。

　貯蓄については、対象者の過半数（54％）が「0円」と回答しており、本当に預貯金が全くないのかどうかはわからないが、なかでも貯蓄なしとの回答が多かったのは定住外国人、非正規就労者、障がい者であった。これとは対照的に、ひとり親世帯は最も貯蓄額が大きく、貯蓄の平均額は245万円であった。ひとり親世帯は費用を節約して貯蓄に回し、子どもの将来に備えようとしているのではないかと思われる。

　むろん、口座の預貯金だけが貯蓄ではないが、定期的・計画的に貯蓄しているかを尋ねたところ、「今後の自立した生活に備える」ため「許容される貯蓄額を確認しながら定期的に貯蓄している」（生活保護受給者）や「これからの生活に備えて毎月積み立て貯蓄」（高齢者）、「子供の進学費用のために貯蓄」（ひとり親世帯）、「毎月約5万円の貯蓄をしている」（債務整理経験者）のように貯蓄をしている人も少数いるものの、大多数は「ギリギリの生活であり、貯蓄は考えられない」（非正規就労者）、「自分の生活より送金が優先し、貯蓄する余裕がない」（定住外国人）、「預金を取り崩している」（高齢者）のように貯蓄できないか取り崩しているという例であった。定住外国人は貯蓄よりも祖国への送金が優先するものと思われる。

　銀行の普通預金や定期預金は超低金利のため、貯蓄のインセンティブにはならない。財形貯蓄のような給与天引きの貯蓄制度や、NISA（小額投資非課税制度）のような優遇策はあるが、調査対象者の中で利用している人は誰もいなかった。財形貯蓄は、勤務先の事業者と労働組合が制度を導入していなければ利用できないし、NISAは預金と違って損失が出るリスクもあるから、誰もが気軽にできるとは限らない。

　貯蓄制度の希望としては、「低所得者でも貯蓄しやすい制度（マル優、財形貯蓄の税制優遇など）」「会社の管理で毎月給与天引きで貯蓄する制度」「母子家庭に有利なもの、例えば進学目的のためには利子が有利になる制度」「定期的な積み立てを行うことで、金利が上がるような貯蓄制度」などの意見が出された。低収入で貯蓄の余裕があまりないとはいえ、少額でも貯蓄を続けられるよ

うな仕組みがあれば、今後起きる何らかの事態に対処することができ、再び困窮に陥らずに済むのではないか。

3）負債・借り入れ

　負債については、基本的に多額の負債を抱えている人はおらず、負債額「0円」の回答が全体の81％を占めた。負債がある場合でも、8割の人が負債額100万円未満であった。したがって現状ではあまり負債を抱えていないが、過去には消費者金融やクレジットカード、銀行、知人、質屋、労働組合など様々なところから借りていたようである。

　借りようとしても申し込みを断られたという例も散見される。特に企業の正規労働者か否かによる差は大きい。「企業に勤めていた時には、与信面で問題はなく、自動車ローンを借りた（が、失業後は借りられなくなった）」、「入院など長期的に必要になっても銀行はどこも取り合ってくれなかった」（生活保護受給者）、「信用金庫でローンの相談をしたら、正社員ではないため断られた」（非正規就労者）、「年金収入のみだったので、消費者金融で借りようとしたが断られた」（高齢者）などである。定期的な収入があった時期は住宅ローンや自動車ローンを借りられた人が、失業や病気などをきっかけとして断られるようになる。「消費者金融は審査が簡単で、すぐに借りられた。多重債務に陥ると、借りる条件が厳しくなり、借りることができなくなった」（生活保護受給者）とあるように、消費者金融も最初は簡単に借りられるが、多重債務に陥ると借りる先がなくなっていく。

　対象者の中で、多重債務に陥った結果、自己破産や債務整理に至った例も少なくない。法的手続きによって金融機関の債務はなくなっても、「自己破産で法的に返済しないことにはなったが、お金を借りた親族に殺される可能性を考えてしまって怖い」「税金は破産しても債務が消えない。自治体に一方的に差し押さえられた」とあるように、完全に問題が解消するとは限らないことにも注意が必要である。

　生活福祉資金などの公的貸付制度については、制度を知っている人や利用した人も少数いたが、「社協の貸付制度を知らなかった」「知っていれば、消費者金融を利用しなかった」「公的な貸付制度は知らない」といった回答が目立っ

た。ひとり親世帯からは「知っているが、連帯保証人が必要で利用できない」との回答があり、これは母子寡婦福祉資金貸付制度を指しているものと思われる。連帯保証人を見つけられない人にとって、この貸付制度の利用が難しいという問題点は以前より指摘されてきた。

　借り入れ制度に関する希望として「公的な貸付制度の周知」「教育費貸付の連帯保証人の要件をクリアする仕組み」「国・自治体が保証して高齢者が借りられる制度」「社協の教育支援資金の借り入れ条件は成績ではなく収入を基準にすべき。学費だけでなく生活費も含めて借りられるようにする」など、公的貸付制度の改善・充実を求める意見が目立った。また、「借り手の返済をよく見極めてから貸す仕組み（借り手が冷静に判断するのは難しい）」「担当者が家計状況を把握し、過剰に借り入れないよう助言する」のように、多重債務を予防する仕組みを求める意見も出された。

4）公的年金・健康保険

　調査対象者の中で、公的年金に「未加入」という人は、路上生活者（4名中2名）のみであった。ただ、路上生活者のうち2名は年金に加入しているが、「年金を受給していたが、取り立て屋が年金手帳などを全て持ち去ったため、その後は受給できていない」と述べているように、受給資格があるにもかかわらず、実際は受け取れずに放置されている。

　公的保険以外の個人保険の加入は、生命保険12％、損害保険9％、学資保険5％、中小企業保険2％のように極めて少なかった。

　他方、健康保険も、路上生活者（4名中4名）以外は健康保険に加入していた。路上生活者は、医療扶助のある生活保護受給者と異なり、医療費は全額自己負担となるので、行き倒れで救急搬送でもされない限り、医療サービスからは実質的に排除されているといえる。

　現在、路上生活者以外は全員健康保険に加入しているが、困窮の時期に健康保険税を「5か月間未納した」例や、「勤務先が保険未加入だった。就労中にケガをして通院費がかかるが、勤務先が対応しない」、「健康保険に加入しているが、自己負担が大きいので、けがや病気でもなるべく受診しない」（定住外国人）、「お金がなくて加入できない時期があり、受診を我慢した」（DV被害者）

など、保険税支払と窓口負担の重さが受診抑制に結果する問題をはらんでいたことがわかる。

5) トラブル経験、その他

　金融関連のトラブルとしては、出資詐欺、ヤミ金融、名義貸し、消費者金融・クレジットカードからの借り入れによる多重債務、配偶者名義での隠れ借金、失業に伴う家賃滞納・破産などが挙げられた。「カードから借りて1,000万円出資したが、詐欺だったことが判明して破産した」、「携帯電話の名義貸しをして、多くの負債がありそうだ。破産する予定」、「ヤミ金融の詐欺被害にあった」など、失業や病気といった原因以外に、金融のトラブルによっても困窮に陥る例が散見された。

　銀行支店・ATMの立地に関しては、大都市部の住民を対象にしたこともあり、立地が遠くてアクセスしづらいという地理的排除の問題はあまりなかった。高齢者のなかには一部、「近くの銀行支店が無くなった。ATMでは通帳に記載できないので不便」「銀行には距離があり、車が必要だが、運転できなくなった場合の不安がある」といった意見もある。

　障がい者からも、家族が金融取引を代行することもあり、アクセスできないという指摘はなかった。ATMの利用時間に関しては、調査対象者の多くは手数料のかからない時間帯に利用するようにしているが、なかには「仕事時間が不規則のためATMを無料で使えない時がある」、「勤務時間などで利用時間に行けない。時間外で手数料を取られるのがつらい」というように、手数料をやむなく払っている例もあった。

（3）小括

　これまで、貯蓄や負債など項目別にみてきたが、属性別の特徴を簡潔にまとめると以下のようになる。

- ➢ 生活保護受給者：低位安定型だが、預貯金がほとんどなく、また借り入れができないため、臨時の出費への対応が難しい。
- ➢ 高齢者：今後の健康不安による医療費・介護費の懸念がある。年金生活者は低位安定型だが、臨時出費への対応は容易ではない。

> ひとり親世帯：低収入だが、子どもの養育費・教育費の負担が重い。
> 定住外国人：金融機関の利用自体には支障がなかったが、日本の金融制度や公的年金、公的貸付制度に対する知識が限られていた。
> DV被害者：加害者からの暴力に加え、加害者が被害者の名義で作った借金の問題や、加害者・債権者から逃げる過程で健康保険の利用や口座の開設ができずに支障をきたす問題がみられた。
> 非正規就労者：不安定な収入のため、貯蓄する余裕がなく、生活費の不足にはカードローンやクレジットカードで借りる例があった。
> 路上生活者：住所がないため、銀行口座や公的年金をはじめ基礎的な金融サービスも利用できず、また生活保護も受けられていない。

3　総括

　今回のFD調査、インタビュー調査はいずれも件数が少なく、地域的にも限られたものであった。私たち研究者が接触できた調査対象者もごく限られた種類の人々であり、日本社会全体では多様な種類の人々が、私たち研究者の想像の域をはるかに超える金融排除の現実に直面しているのかもしれない。この調査をもって日本の金融排除の現状を体系的に明らかにできたとはとても言えないが、しかしこの限られた調査結果を概観しただけでも、消費者が直面する多様な金融排除の状況と、金融排除を生み出すメカニズムを垣間見ることができる。

　FD調査とインタビュー調査を通して垣間見えた、消費者の金融排除とは要するに何だったのか。

　日本の大多数の人々は高度な金融サービスの恩恵を享受し、また金融に関する法規制も厳しく、さらに公的扶助や社会保険の制度に保護されており、表面的にみれば、これらのサービスや制度が未整備の国に比べて、金融排除は必ずしも可視化されているとはいえない。しかし、そうしたサービスや制度が充分に機能せず、困難を抱える人も存在するのである。その困難は精神障害や依存症、DV被害、失業・倒産、不安定な非正規雇用、自営業の経営不振、日本語能力の欠如など、実に多様な文脈の下で生じている。困難を抱えた人が、公的

扶助や社会保険、NPOの支援、友人や近隣からの援助などを充分に受けられないと経済的に困窮し、高利の借金や料金滞納、しまいには破産状態や路上生活に陥ってしまう。

　様々な背景から経済的に困窮した人にとって、生活の立て直しに資するような福祉的金融がどの程度あるのかというと、生活福祉資金や母子父子寡婦福祉資金のような公的貸付制度はあるが、対象は住民税非課税世帯に限られ、また既に借金を抱えた人は利用できないなど、制約が多い。本書の第5章〜第7章で取り上げたように、多重債務者対策としての民間セーフティネット貸付もあるが、全国的には極めて少ない。

　困難を抱えて経済的に困窮した人に対して、家計や就労、精神面を援助し、公的支援につなぎ、必要に応じて貸付を提供するといった、パーソナルな金融包摂の事業を普及させることが望まれる。

　政策面では、金融排除の問題は金融サービスの範疇だけにとどまらず、社会保険や社会保障・社会福祉、雇用制度、外国人対応などともつながっており、総合的な社会政策の一環に位置づけられる必要があろう。

【質問票】

1　選択式の設問

- 年齢層：20歳代／30歳代／40歳代／50歳代／60歳代／70歳以上
- 性別：女性／男性／その他／無回答
- 就業状況：正規雇用／非正規雇用（パート／アルバイト／契約／派遣／その他）／自営業（業種　　　）／無職／退職／求職中／専業主婦・主夫／就学中／その他
- 世帯人数・世帯構成：同居して生計を一にする者（　　）人、本人のみ／配偶者／子／父母／祖父母／孫／他の親戚／その他
- 住居：持ち家／賃貸／施設／その他
- 家賃：約（　　　）円／月、住宅ローン返済：約（　　　）円／月
- 障がい：障がいのある世帯員がいる（身体／知的／精神／発達／内部／その他）／障がいのある世帯員はいない
- 2016年の収入（手取り額）：本人の収入　月間平均（　　）万円程度／世帯全体の収入　月間平均（　　）万円程度
- 貯蓄：預貯金　約（　　　）万円
- 負債残高：約（　）万円、うち住宅ローンを除く負債残高約（　）万円
- 公的年金加入：国民年金／厚生年金／共済年金／配偶者の第3号被保険者／未加入／免除／わからない
- 健康保険加入：国民健康保険／健康保険（国民健康保険以外）／配偶者の保険／未加入／免除／わからない
- 銀行口座の保有：口座を持っている／持っていない／わからない
- 個人保険の加入（健康保険以外）：生命保険（医療保険を含む）／学資保険／損害保険（自動車、火災、地震、家財などの保険を含む）／中小企業保険／その他の保険
- 銀行口座の主な使途：給与・年金等の振込／公共料金の支払／預貯金　　　送金・仕送り／クレジットカード決済／その他
- クレジットカード：クレジットカードを保有している（　）枚／保有していない

2　全ての対象者に共通した質問

（1）家計収支

● 収入の急減、支出の急増により、生活が苦しくなったことはあるか。その主な原因は。

● 収入額は毎月大きく変動するか。その主な原因は。

● 現在、家計が黒字になっているか。生活費が不足しているか。

● 生活費が不足した際の対応：出費の切り詰め、預貯金の取り崩し、支払の延期・滞納、料金の減免、保険の解約、借り入れ、公的機関や支援団体からの救済・支援、親戚・知人・友人・近隣からの支援など。

● 家計をどのように管理しているか：家計簿をつけている、支出超過にならないよう注意している、月の予算を設定している、特に意識していない、その他。

● 生活が困窮している、あるいは生活保護を受給している場合、どのような経緯でそうなったのか、簡単に教えてほしい。

● 病気・怪我の治療や障がい者の介護に多額の費用を要し、家計が窮迫した経験はあるか。その際、どのように費用を工面したのか。

（2）貯蓄・資産運用

● 定期的に、計画的に貯蓄しているか。それとも預貯金を取り崩しているか。

● 通過性の預貯金（普通預金など、金利の低いもの）だけでなく、貯蓄性の預貯金（定期預金など、金利の高いもの）で資産を運用しているか。

● 将来の目的のために貯蓄しているか（学費、結婚、起業、老後、住宅、自動車など）。

● 自分の家計の収入や資産額に見合った貯蓄や資産運用の方法を見つけているか。身近に相談できる存在は。

● どのような貯蓄の制度があれば良いと思うか。

（3）負債・借り入れ

● これまでに利用したことのある借入金は。

● 上記でお金を借りたときの条件は厳しかったか（保証人探し、審査期間の長さ、金利など）。

● これまでにお金を借りる申し込みをして、断られたという経験があれば、教えてほしい。自分の条件に合って、お金を貸してくれる金融機関を見つけるのは難しかったか。

● 公的な貸付制度を知っているか（生活福祉資金、母子寡婦福祉資金、教育ローンなど）。

● 自分の条件に合った、納得できる貸付制度を見つけているか。身近に相談できる存在は。

● これまでにお金を借り入れて、返済が苦しくなった経験があれば、教えてほしい。返済の繰り延べ（延期）や、減額などの調整をしたことはあるか。

● どのような借り入れの制度があれば良いと思うか。

● クレジットカードを作ろうとして審査に通らなかったという経験はあるか。

● クレジットカードによる分割払いやリボルビング払い、キャッシングは高い金利を課されるが、これらを利用して支払や返済に苦しんだ経験はあるか。

（4）年金

● 公的年金（国民年金・厚生年金・共済年金）に加入しているか。最低加入期間（新制度10年）を満たしているか（あるいは、満たせる見込みがあるか）。

● 2016年の1年間に、年金保険料をどの程度納付したか（すべて納付した、未納付期間あり、すべて未納付だった、免除・猶予されていた、わからない）。

● 年金を受給している場合、隔月受給によって家計が不安定にならないか。

● 年金について、思っていること、困ることがあれば自由に聞かせてほしい。

（5）健康保険

● 健康保険に未加入の場合、医療費は全額自己負担となるが、受診を抑制してしまうことはあるか。あるいは、医療費の負担が家計を圧迫してしまうことはあるか。

● 2016年の1年間に、健康保険の保険税をどの程度納付したか（すべて納付した、未納付期間あった、すべて未納付だった、免除・猶予されていた、わからない）。

● 健康保険について、思っていること、困ることがあれば自由に聞かせてほしい。

(6) 金融サービスの利用でトラブルに遭った経験

● 多重債務、債務整理、自己破産などの経験はあるか。
● ヤミ金融や、金融関連の詐欺被害に遭ったことはあるか。
● どのようにトラブルを解決したのか（法テラス、弁護士など）。

(7) その他

● 自宅の近くに金融機関の支店やATMがなくて支障をきたすことはあるか。
● 支店の営業時間中に、あるいはATMの無料利用時間中に利用できずに支障をきたすことはあるか。
● 何か情報を集めて調べる手段として、自治体の発行する広報紙や、インターネット（スマートフォンやPCなど）などを普段から利用しているか。
● 上記のほかに特記事項があれば記載する。

参考文献

Baradaran, Mehrsa（2015）*How the Other Half Banks: Exclusion, Exploitation, and the Threat to Democracy*, Harvard University Press.

Morduch, Jonathan, Stuart Rutherford, Daryl Collins and Orlanda Ruthven（2009）*Portfolios of the Poor: How the World's Poor Live on $2 a Day*, Princeton University Press（ジョナサン・モーダック／スチュアート・ラザフォード／ダリル・コリンズ／オーランダ・ラトフェン著、野上裕生監修、大川修二訳（2011）『最底辺のポートフォリオ――1日2ドルで暮らすということ』みすず書房）.

Morduch, Jonathan and Rachel Schneider（2017）*The Financial Diaries: How American Families Cope in a World of Uncertainty*, Princeton University Press.

Servon, Lisa（2017）*The Unbanking of America: How the New Middle Class Survives*, Mariner Books.

執筆者紹介 (50音順)

上田　正（うえだ・ただし）　**担当：第5章**
消費者信用生活協同組合　生活相談・貸付事業アドバイザー
1976年東北大学経済学部卒、同年盛岡市民生協、1986年岩手県生協連・消団連事務局長、1990年いわて生協役員室長、1996年消費者信用生協（2008年より専務理事）、2012年日本生協連生活相談・貸付事業アドバイザー。2018年から現職。

角崎　洋平（かどさき・ようへい）　**担当：第2章、コラム3、コラム7**
日本福祉大学社会福祉学部　准教授
2013年立命館大学大学院先端総合学術研究科一貫制博士課程修了。博士（学術）。国民生活金融公庫、日本学術振興会特別研究員などを経て現職。主著に『マイクロクレジットは金融格差を是正できるか』（ミネルヴァ書房、分担執筆、2016年）、『福祉＋α ⑨　正義』（ミネルヴァ書房、分担執筆、2016年）等。

久保田　修三（くぼた・しゅうぞう）　**担当：第6章**
一般社団法人生活サポート基金　代表理事・理事長
1979年山形大学人文学部卒業、同年生活クラブ生協東京入職。多摩きた生活クラブ生協事務局長、生活クラブ生活協同組合組織部長を経て、2013年から生活サポート基金。2018年から現職。

小関　隆志（こせき・たかし）
＊**編著者**　**担当：はじめに、第1章、第8章、コラム1、コラム2、コラム9、第Ⅲ部**
明治大学経営学部　教授
1999年一橋大学大学院社会学研究科博士後期課程修了。博士（社会学）。2001年に明治大学経営学部専任講師。同准教授を経て、2019年に現職。専門はソーシャル・ファイナンス論、NPO経営論。主著に『金融によるコミュニティ・エンパワーメント』（ミネルヴァ書房、2011年）。

佐藤　順子（さとう・じゅんこ）　**担当：第3章、コラム4、コラム8**
佛教大学福祉教育開発センター　専任講師
京都市役所福祉事務所生活保護現業員、児童相談所児童福祉司、病院医療ソーシャルワーカーなどを経て2000年より現職。主編著に『マイクロクレジットは金融格差を是正できるか』

（ミネルヴァ書房、2016年）、『フードバンク――世界と日本の困窮者支援と食品ロス対策』（明石書店、2018年）。

津田　祐子（つだ・ゆうこ）　**担当：第7章**
認定特定非営利活動法人コミュニティケア街ねっと　副理事長
生活クラブ生協千葉において組合員理事、組合員事務局、組合員事務局長、副理事長を経て2007年任意団体「多重債務問題研究会」に専任事務局に就任。2009年より特定非営利活動法人VAICコミュニティケア研究所専務理事（2009年〜2016年）、副理事長（2016年〜現在）。担当業務として相談業務に従事。

野田　博也（のだ・ひろや）　**担当：第4章、コラム5、コラム6**
愛知県立大学教育福祉学部　准教授
首都大学東京人文科学研究科博士後期課程満期退学。博士（社会福祉学）。
日本学術振興会特別研究員、日本女子大学人間社会学部助教、愛知県立大学教育福祉学部講師を経て、2014年に現職。専門は公的扶助論。主著に『福祉＋α⑩　貧困』（ミネルヴァ書房、分担執筆、2018年）等。

生活困窮と金融排除——生活相談・貸付事業と家計改善の可能性

2020 年 8 月 5 日　初版第 1 刷発行

編著者　小　関　隆　志
発行者　大　江　道　雅
発行所　株式会社明石書店
〒101-0021 東京都千代田区外神田6-9-5
電　話　03-5818-1171
ＦＡＸ　03-5818-1174
振　替　00100-7-24505
http : //www.akashi.co.jp
組　版　朝日メディアインターナショナル株式会社
装　丁　明石書店デザイン室
印　刷　株式会社文化カラー印刷
製　本　本間製本株式会社

〈価格は本体価格です〉

〈価格は本体価格です〉

講座 現代の社会政策 《全6巻》

A5判／上製
◎4,200円

いまから約一世紀前の1907年12月、当時の社会政策学会は工場法をテーマとした第一回大会を開催した。その後の十数年間、年一回の大会を開催し社会に対して喫緊の社会問題と社会政策に関する問題提起を行い、一定の影響を与えた。いま社会政策学会に集う学徒を中心に明石書店からこの〈講座 現代の社会政策〉を刊行するのは、形は異なるが、百年前のこのひそみに倣い、危機に追い込まれつつあった日本の社会政策の再構築を、本講座の刊行に尽力された社会政策を専攻する多くの学徒とともに願うからである。

〈シリーズ序文〔武川正吾〕より〉

第1巻 戦後社会政策論
玉井金五・佐口和郎 編著【第4回配本】

第2巻 生活保障と支援の社会政策
中川清・埋橋孝文 編著【第5回配本】

第3巻 労働市場・労使関係・労働法
石田光男・願興寺?之 編著【第1回配本】

第4巻 社会政策のなかのジェンダー
木本喜美子・大森真紀・室住眞麻子 編著【第2回配本】

第5巻 新しい公共と市民活動・労働運動
坪郷實・中村圭介 編著【第3回配本】

第6巻 グローバリゼーションと福祉国家
武川正吾・宮本太郎 編著【第6回配本】

〈価格は本体価格です〉

子ども食堂をつくろう！
人がつながる地域の居場所づくり

NPO法人
豊島子どもWAKUWAKUネットワーク 編著

■四六判／並製／196頁　◎1400円

全国各地でオープンが相次ぐ子ども食堂。最大の魅力は、思いさえあれば、誰でも気軽に自分の地域で始められるということ。この本では、立ち上げ準備から運営のコツまで、先輩子ども食堂の体験談を交えながら紹介。子どもを地域で見守ることの意味について考える。

マイクロファイナンス事典

ベアトリス・アルメンダリズ、マルク・ラビー 編
笠原清志 監訳　立木勝 訳

■B5判／上製／708頁　◎25000円

世界20数ヶ国におけるマイクロファイナンスの現状、金融の相互扶助組織、協同組合について、48人の執筆者がリサーチとその理論的整理を行う。マイクロファイナンス欧州研究センタ（CERMi）から刊行された本分野の基本図書、待望の邦訳版。

〈価格は本体価格です〉

貧困研究

『貧困研究』編集委員会［編集］

A5判／並製／本体価格 各1800円＋税

【年2回刊行】

編集長
松本伊智朗

編集委員
湯澤直美　山田篤裕　垣田裕介
岩永理恵　五石敬路　阿部彩

日本における貧困研究の深化・発展、国内外の研究者の交流、そして貧困問題を様々な人々に認識してもらうことを目的として2007年12月に発足した貧困研究会を母体に発刊された、日本初の貧困研究専門誌。

〈価格は本体価格です〉

フードバンク

FOOD BANK

世界と日本の困窮者支援と食品ロス対策

佐藤順子 ［編著］

◎A5判／上製／200頁　◎2,500円

日本でも急速に増えているフードバンクは、「食品ロス削減」の観点から、近年では食料困難経験者に対する食料支援を目的とする活動にシフトしてきている。アメリカ、フランス、韓国等海外の先行事例との実証的な国際比較をもとにした、本邦初の研究書。

《内容構成》

〈価格は本体価格です〉